MERYON

CE VOLUME A ÉTÉ ACHEVÉ EN MARS M.CM.XXVII, LA GRAVURE DES PLANCHES PAR LA SOCIÉTÉ DE GRAVURE ET D'IMPRESSION D'ART A CACHAN, LE TEXTE PAR F. PAILLART, A ABBEVILLE (SOMME).

"MAITRES DE L'ART MODERNE"

MERYON

PAR

LOŸS DELTEIL

40 planches hors-texte
en héliogravure

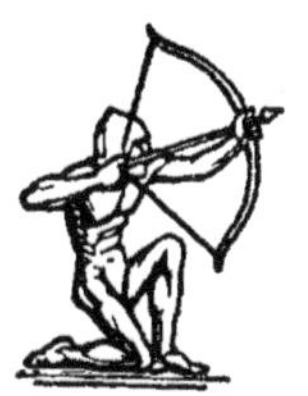

LES ÉDITIONS RIEDER
7, Place Saint-Sulpice, 7
PARIS
M.CM.XXVII

MERYON

Dans le grand mouvement de rénovation de l'eau-forte originale qui s'est produit au milieu du XIXe siècle, une figure se dresse, exceptionnelle : celle de Meryon.

Meryon est en effet, par son génie, l'une des plus grandes et des plus sympathiques personnalités de la gravure du XIXe siècle ; il en est aussi, par les événements douloureux qui ont marqué sa vie, de sa naissance à sa mort, l'une des plus étranges.

Né à Paris, le 23 novembre 1821, rue Feydeau, aux Batignolles, rue depuis longtemps débaptisée (dans la maison de santé du Dr Piet), Charles Meryon était le fils naturel d'un docteur en médecine anglais, Charles Lewis Meryon et de Mlle Narcisse Chaspoux, danseuse du corps de ballet de l'Opéra, âgée de 28 ans. Trois ans après sa naissance, Meryon fut reconnu par son père, qui avant son retour en Angleterre, où il décéda très âgé, en 1877, laissa également un pécule destiné à son éducation. Néanmoins, il ne semble pas qu'après avoir quitté la France, Lewis Meryon qui remplissait à Londres auprès de lady Esther Stanhope, les fonctions de secrétaire particulier, se soit préoccupé de l'avenir de son fils. Du moins, jamais à notre connaissance, Meryon n'a fait allusion à son père au cours de ses précieuses confidences écrites, alors qu'à diverses reprises au contraire, il ne manque pas d'évoquer pieusement la mémoire de celle qui ne put veiller que trop peu de temps sur lui.

Une autre version court encore sur la naissance de Meryon. Meryon aurait été, nous-a-t-il été assuré par une personne qui l'approcha durant un certain nombre d'années, le fils adultérin d'un lord et d'une femme mariée appartenant à une des plus notables familles d'Outre-Manche. Meryon, selon cette deuxième version — ou cette légende — ne serait pas son véritable nom, mais seulement un dérivé du prénom Mary (qui se prononce Mery en anglais) porté par sa mère supposée. Quelque tentante que soit cette version, elle nous paraît difficile à admettre, car les indications déjà données et celles que nous fournissons dans le courant de cette étude, sont extraites, pour la majeure partie de documents indiscutables, c'est-à-dire à la fois d'un *manuscrit* de Meryon possédé par M. Atherton Curtis, et de notes laissées par Philippe Burty, le plus souvent écrites sous la dictée du maître.

Comment mettre en doute dans ces conditions, les renseignements émanant de Meryon lui-même et de son premier biographe ?

La mère de Meryon — Mlle Narcisse Chaspoux — prit grand soin de son éducation. Elle lui fit faire de solides études. Placé d'abord à Passy, il entra ensuite à la pension Savary où il était inscrit, non sous son propre nom, mais sous celui de « Gentil », comme l'indique une lettre de Meryon, datée du 29 mai 1865 et publiée dans les Archives de l'Art Français (année 1877). A sa sortie de la pension Savary, Meryon alors âgé de 16 ans, fut admis à l'École navale de Brest qu'il quitta au bout de deux ans, en 1839, avec le n° 12 et comme élève de 2e classe.

C'est vers cette époque — en 1838, croit-on — que sa mère

qui avait été frappée d'aliénation mentale depuis peu, mourut presque subitement.

Dès sa sortie de l'École navale, Meryon fut embarqué sur le vaisseau *l'Alger*, puis sur le *Montebello*, avec le titre d'élève de 1re classe ; au cours de cette seconde croisière, il parcourut les côtes d'Algérie, de Tunisie et de la Grèce.

⧈

Quoique Meryon ne paraisse pas avoir été rebelle de prime-abord, à la carrière de marin, puisqu'il poursuivit ses études dans le but d'y acquérir progressivement ses grades, il ne devait cependant pas y persévérer bien longtemps. Il s'était en effet senti attiré dès son jeune âge vers les arts du dessin et Ph. Burty a rappelé en des notes qu'au retour du *Montebello* à Toulon, son port d'attache, Meryon sollicita les conseils d'un peintre local, Victor Cordouan. « Ce que fit Meryon, a écrit Ph. Burty dans la *Nouvelle Revue*, sous l'influence de « ce professeur, est d'un rendu cotonneux ; entre le clair et « l'ombre, il n'y a pas de demi-teintes. Mais le dessin, dans « son sens propre, est déjà juste, fin, élégant. » Ces premières études furent d'ailleurs de courte durée ; l'année suivante (1842). Charles Meryon reprenait la mer pour une importante croisière, comme enseigne de vaisseau cette fois, sur la corvette *le Rhin*, commandée par le capitaine Bérard. Sur ce navire qui ne revint à son point de départ qu'en 1846, après une absence de quatre années par conséquent, Meryon eut l'heur de connaître la Nouvelle-Zélande, la Nouvelle-Calédonie et plusieurs des îles peu visitées de l'Océanie. Dans les inévitables et répétées escales de ce long voyage qui frappa vivement sa jeune imagination toujours prête à s'enflammer, Meryon exécuta de nombreux croquis, dont une bonne partie ont été conservés et se trouvent répartis dans diverses collections. Ces croquis à la mine de plomb, déjà indiqués avec une netteté, une volonté, une précision qui devaient se fortifier et s'élargir plus tard, dénotaient cependant un effectif progrès sur les dessins antérieurs de Meryon. Ils laissaient même présager un artiste de tempérament. Ces dessins ne furent pas perdus pour Meryon : ils lui servirent plus tard à conserver par la gravure à l'eau-forte une relation figurée de son dernier voyage de marin. Toutefois, ce projet, comme il sera loisible de le constater ultérieurement, n'aboutit qu'en partie, pour une double cause : manque de subsides et mauvais état de santé. C'est enfin, pendant ce voyage au long cours, que Meryon exécuta un modèle en plâtre peint d'une baleine australe femelle capturée dans la baie d'Akaora (Nouvelle-Zélande) et que conserve le *Jardin des Plantes* de Paris.

Lors de son retour à Paris, en 1847, Meryon sollicita un congé de 6 mois, à propos duquel il invoqua son état maladif. Il l'obtint facilement.

« Vous avez dit aussi quelques mots de mon passé comme officier de marine, écrivait-il à Léon Godard, en janvier 1855. Je n'ai porté l'épaulette que peu de temps ; je ne l'ai déposée que parce que je ne me sentais pas assez solidement construit, tant au physique qu'au moral, pour commander à des hommes que je considère, la plupart, comme les plus dévoués, les plus honnêtes, les meilleurs qu'on puisse rencontrer... La cause ci-dessus, jointe au penchant naturel que j'ai toujours eu pour les arts, m'a fait me hasarder sur la route où je chemine aujourd'hui. »

Quoiqu'il en soit, Meryon aspirait au repos. Son chef, le capitaine Bérard, qui l'avait pris en affection, intervint alors auprès du Ministre de la Marine, M. de Montebello, pour faire nommer son protégé au *Dépôt des cartes et plans*. Le Ministre promit. Mais entre temps, un changement de régime, issu des journées de juin, empêcha le ministre de tenir sa promesse, et Meryon qui, dans l'attente de cette nomination, avait négligé de demander une prolongation de congé, se trouva placé dans une situation irrégulière. C'est alors qu'il offrit sa démission qui fut acceptée.

Devenu libre, Meryon ne songea plus qu'à dessiner et même à peindre ; l'ex-marin ne pensait pas encore à la gravure, qu'il allait rehausser de toute la force de son talent, de tout l'éclat de son génie ; mais n'anticipons pas sur les faits.

Après avoir séjourné un mois à l'Hôtel des Étrangers, rue Feydeau, puis rue Saint-André-des-Arts, il loua un atelier rue Hautefeuille. Meryon suivit, dès lors, les leçons d'un peintre, employé au ministère de la Guerre, Charles-François Phelippes, portraitiste, élève de Louis David, né à Paris, décédé en 1867, et qui exposa aux Salons de 1833 à 1853. « Cet homme d'un caractère assez sérieux — a écrit Meryon dans des notes — me styla à faire des études consciencieuses d'après des plâtres antiques : une Vénus, l'Apollon du Belvédère, le Jupiter Olympien, etc. Il sait m'en faire voir et comprendre les beautés, m'astreint à les reproduire avec exactitude... »

Cependant, Meryon, sourd aux avis de son professeur qui voulait l'empêcher de *courir avant que de savoir marcher*, entreprit une importante composition qu'il se proposait rien moins que de peindre (Il s'agit d'un fait rétrospectif : *Assassinat de Marion Dufrêne, à la Baie des Iles (Nouvelle- Zélande) en* 1772. Un carton préparatoire reproduit dans les *Notes et souvenirs sur Charles Meryon*, d'Aglaüs Bouvenne, et qui dénote plus de naïveté et de gaucherie que de science, fut exposé au Salon de 1848. Quand il fallut transcrire ce dessin sur la toile, autrement dit faire œuvre de peintre, Meryon, qui selon l'affirmation de Ph. Burty, était atteint de *daltonisme*, dut abandonner son projet.

M. Émile Dacier, dans une étude sur Meryon, publiée dans la *Revue de l'art ancien et moderne*, en 1913, fait très judicieusement observer que ce daltonisme « paraît bien extraordinaire chez un ancien officier de marine (en réalité démissionnaire depuis peu, ajouterons-nous) quand on sait quelles exigences on a pour la finesse et la netteté de la vue des candidats à l'École Navale ; il semble impossible — ajoute M. Dacier — qu'un daltonien puisse être autorisé à subir les examens d'admission, car la caractéristique des daltoniens réside dans l'impossibilité où ils sont de distinguer le rouge et le vert qui sont précisément la couleur des feux de position. » Que ce soit pour ce motif ou par impuissance, Meryon renonce définitivement à pousser plus loin l'œuvre ébauchée. Toutefois, son ardeur de néophyte se faisait de jour en jour plus vive et Meryon, subissant l'ambiance de l'enthousiasme que venait de susciter en France la proclamation de la République, ne rêva plus que de traduire cet enthousiasme presque général par des allégories. Il n'en peignit et n'en dessina aucune, à notre connaissance du moins, mais il *écrivit* le scenario de l'une d'elles. Nous ne pouvons nous défendre d'en donner ici copie, à titre de curiosité :

L'Ere de lumière — 1848 ! Tableau carré. Groupe triangulaire, sommet un peu à droite, lumière à l'horizon à gauche. La France, personnage principal, se lève spontanément sur un monceau de ruines, élevant de sa main droite le miroir de la Vérité qui reflète l'autre levant. Sa main gauche fait le tour de la taille de son jeune fils presque nu, ceint seulement d'une épée Romaine. Ce jeune Enfant lève vers le ciel ses mains innocentes. En premier plan, un peu à droite du groupe de la France et ses enfants, une jeune fille panse le sein d'un guerrier victorieux qui expire. La main gauche du vainqueur s'efforce de tenir élevée une palme de laurier. «

Ces premiers essais, ces premières recherches de Meryon n'étaient guère concluants ; tout au plus marquaient-ils les étapes d'un artiste plein de bonne volonté, qui se cherche et n'a pas encore trouvé sa voie. Cette voie, Meryon allait fort heureusement bientôt la découvrir, grâce à la connaissance qu'il fit d'un amateur, son voisin, M. Schultz, possesseur d'eaux-fortes d'Eugène Bléry. Ces eaux-fortes d'un artiste dont le principal mérite est la conscience, séduisirent Meryon ;

il admira la pondération, l'exactitude, la netteté un peu froide qui caractérisent la moindre de ses planches et dont la plus ancienne ne remontait pas au-delà de l'année 1837 ; mais en 1849, Eugène Bléry avait déjà gravé quelques-uns des paysages qui firent son éphémère succès, comme les *Deux hêtres* et les *Chênes au ravin.*

Meryon voulut être présenté à Eugène Bléry, qui l'accueillit avec bienveillance, et qui lui enseigna tout ce qui peut s'apprendre dans la pratique de la gravure. Meryon fit alors ses débuts de graveur en traduisant une miniature d'Élise Bruyère, copiée d'après une œuvre de Philippe de Champaigne : une *Sainte Face.*

Lorsque Burty établit le premier catalogue raisonné de l'œuvre gravé de Meryon (*Gazette des Beaux-Arts*, 1er-15 juin 1863), il émit ce jugement tout à fait favorable sur la planche de début du graveur : « La gravure de M. Meryon, dont il « n'existe peut-être qu'une épreuve, est du plus beau senti- « ment et d'un grand éclat », ce à quoi Meryon répliqua avec raison dans ses observations sur l'article de la *Gazette des Beaux-Arts* : « Le jugement porté par l'auteur, est beaucoup « trop flatteur ; je n'ai pas besoin de dire que je ne l'accepte « point. Il y a dans la tête quelques jolis détails, mais le « modelé de la face manque de liaison et de largeur. »

A la suite de ce premier essai de gravure à l'eau-forte — l'unique exemplaire parvenu jusqu'à nous, se trouvait en 1907, chez M. Howard Mansfield, à New-York — Charles Meryon copia quelques gravures anciennes : *La Vache et l'Anon,* de J.-Phil. de Loutherbourg ; un *Soldat de profil* et un *de face,* d'après Salvator Rosa, les *Trois cochons devant l'étable,* les *Deux chevaux,* de Karel Dujardin ; la *Brebis et les deux agneaux,* d'Adrien van de Velde. Ces copies sont exécutées avec assez de fidélité sans viser pourtant au trompe-l'œil, et surtout avec une aisance et une sûreté de pointe peu communes chez un débutant. La taille est nette, incisive, franche ; il n'y a pas, d'autre part, d'indécision dans le dessin, et la fermeté que nous constatons dans ces copies se retrouve à un degré plus élevé dans une série de quatre eaux-fortes de Meryon, reproduisant des planches du peintre-graveur Renier Nooms, dit Zeeman, c'est-à-dire le *marinier*.

Renier Nooms n'est pas un inconnu dans le monde des amateurs et Adam Bartsch a dressé le catalogue de son œuvre gravé, composé de plus de cent cinquante planches. Néanmoins, l'on possède fort peu de détails sur la vie de ce très intéressant artiste qui « occupe un rang distingué dans la classes des peintres de marines. » L'on ignore jusqu'à la date de son décès et l'on présume seulement qu'il naquit à Amsterdam en 1623.

Ces copies indiquèrent enfin à Meryon sa voie.

La série des copies de Zeeman débute par une vue du *Pavillon de Mademoiselle et une partie du Louvre*. « Cette première pièce — a écrit Meryon dans ses *Observations* auxquelles nous avons souvent recours, en raison de leur indiscutable intérêt — a eu sur moi une notable influence ; feuilletant un jour un carton d'eaux-fortes chez le marchand Vignères, elle me tomba sous la main et fixa immédiatement mon attention, tant à cause de l'intérêt des choses qu'elle représente, que du brillant de son exécution, de la vie qui égaye toute cette scène ; je m'en saisis immédiatement avec l'intention de la reproduire pour la mieux goûter ; et dès ce moment je conçus même ce projet que je méditais vaguement, d'entreprendre une suite de vues de Paris de mon choix, dont, dans mon esprit la pompe N. D. devait ouvrir la marche. » A petite cause, grand effet. Encore quelques essais que nous allons énumérer et Meryon s'imposait d'emblée dans la carrière d'aquafortiste par des chefs-d'œuvre, mieux, par des œuvres qui demeureront à jamais immortelles en dépit des fluctuations du goût et de la mode.

Parmi ses premières études de gravure, il sied de mentionner les portraits tracés sur le cuivre pendant l'année 1849, malgré leur importance très relative dans son merveilleux œuvre.

Meryon s'est gravé lui-même. Philippe Burty cite ce portrait dans le catalogue qu'il dressa en collaboration avec Marcus B. Huish et qui a été publié à Londres en 1879, par les soins de la Fine Art Society. « Meryon, dit-il d'autre part, s'était représenté à mi-jambes, assis devant son chevalet ; il n'en a pas été conservé d'épreuves. » Enfin, dans des notes demeurées inédites, le même critique ajoute : « Meryon « n'en avait pas conservé d'épreuve. C'est lui qui m'a « fourni l'indication de cette pièce qui datait de ses premiers « essais en gravure et qui fut primitivement ovale. »

Un jour pourtant, l'on crut tenir un exemplaire de ce portrait : un marchand d'estampes, Laurent Dumont, avait acquis vers 1880, chez son confrère Fabré, mêlée à d'autres estampes de Meryon, une épreuve considérée comme étant le portrait de Meryon par lui-même et qu'il céda à R. W. Thibaudeau, de Londres. Cette épreuve, dont nous avons pu retrouver la trace, figura à une exposition du Grolier-Club, de New-York, en 1898, comme portrait — seulement *supposé* d'ailleurs — de Meryon. En définitive, il s'agit de l'effigie du peintre-animalier Edme Cabin Saint-Marcel, gravée par lui-même ; c'est ce que nous a permis de constater la communication d'une épreuve photographique de cette pièce devenue la propriété de la Bibliothèque publique de New-York. Il faut donc renoncer à l'espoir de jamais rencontrer un exemplaire du Meryon par lui-même. C'est dommage. Quelle relique serait cette image !

Meryon a aussi gravé le portrait de son maître en gravure, Eugène Bléry, en se servant d'un dessin d'Eugène Buttura ; comme pour le sien, on n'en connaît aucune épreuve, bien qu'il en ait été tiré au moins une ; Ph. Burty qui cite également ce portrait, ne l'avait pas vu. Meryon écrit à son propos : « ... il n'existe peut-être qu'une épreuve que j'ai remise autrefois à M. Eugène Bléry. Cette petite gravure, une des premières que j'ai faite chez lui, est assez finie et offre quelque ressemblance, quoique la physionomie y soit moins pleine que dans l'original... » Une épreuve avait en effet été tirée de cette planche et offerte par Meryon à Bléry ; mais la femme de l'artiste ayant trouvé ce portrait peu ressemblant et d'aspect singulièrement renfrogné, manifesta son mécontentement en déchirant l'épreuve offerte et sans doute la seule tirée. Nous tenons ce renseignement précis d'un témoin, de la fille adoptive d'Eugène Bléry, Mme Frattesi-Bléry, décédée dans les débuts d'octobre 1924, à l'âge de 88 ans, et qui avait conservé vivaces dans sa mémoire, de nombreux faits touchant la vie de Meryon, qu'elle se plaisait à conter.

Enfin, un troisième portrait date des débuts de Meryon dans la gravure ; c'est celui de son ami Edmond de Courtives ou Decourtives, dont M. Mac George, de Glasgow, posséda longtemps un des exemplaires rarissimes. Cette petite estampe est ainsi décrite par Ph. Burty : « Une de ses premières études, et il était à ce moment très préoccupé du style et de l'exécution de Rembrandt, est le portrait d'un de ses amis... C'est un jeune homme maigre, aux cheveux abondants et rejetés en arrière. L'expression du regard est très interrogative. » Nous conplèterons les données sur ce portrait par les propres appréciations de Meryon : « Edmond de Courtives, élève en pharmacie, auteur d'une thèse assez originale, fort excentrique même, sur le hatshish. Cette pièce, une des premières que j'ai gravée, est assez mauvaise... Ce jeune homme était de Saint-Florentin, où il venait de s'établir, quand je terminais cette pièce faite d'ami à ami. Je lui en envoyai quelques épreuves, dont une où il était représenté à mi-corps, comme dans mon dessin original, ayant à côté de lui un violon dont il jouait assez bien et quelques instruments de chimie. C'est dans celle-là surtout qu'on peut constater l'infériorité et la gaucherie de mon dessin ; aussi, après avoir corrigé de mon mieux le modelé du visage, m'arrangeai-je en l'imprimant, de manière à le réduire à cette dernière partie seulement, dans un cadre circulaire. » C'est sous cette représentation que nous nous rappelons cette petite image que Meryon conservait avec soin, sans doute à titre de souvenir, puisque Philippe Burty rapportait plus tard dans la *Nouvelle Revue* : « Dans son petit atelier de la rue Duperré, nº 20... Sur les murs, rien : un portrait de son ami Decourtives, entouré d'un cadre, qu'il avait taillé au couteau dans un morceau de liège... »

Les quatre copies des *Vues de Paris* d'après Zeeman, auxquelles nous devons revenir, puisque ces planches sont le point de démarcation entre les essais et l'œuvre original de Meryon, se recommandent par une grande sûreté et une belle probité d'exécution. L'on ne demeure pas moins confondu, pourtant, qu'à la suite d'une vingtaine d'études au maximum dans la pratique de l'eau-forte, Meryon abordant son thème : Paris, ai débuté comme graveur original, en 1850, avec le *Petit Pont.*

C'est en effet déjà une planche exceptionnelle, d'une admirable venue en dépit de quelques lourdeurs, d'une grandeur austère, d'une extrême et intelligente conscience et connaissance du métier de graveur. Cette œuvre de début reste non seulement l'une des plus impressionnantes eaux-fortes de Meryon, mais aussi l'une des plus remarquables de l'eau-forte originale du XIXᵉ siècle. Il semble même que Meryon ait atteint à la perfection sans tâtonnements, comme sans repentir. Dès le premier état, son œuvre s'avère complète.

En effet, si la planche du *Petit Pont* comporte six ou sept états, les différences qui les constituent, ne modifient en rien l'aspect de la pièce, même dans l'état où des tailles diagonales ajoutées dans le ciel, soulignent l'effet sans besoin apparent, sinon évidemment pour masquer un peu d'usure provoquée par le tirage des six cents épreuves effectuée en 1858, pour la revue *L'Artiste.* »

Le *Petit Pont* est-il, au sens visuel, rigoureusement exact ? Non. Meryon qui s'est donné à plusieurs reprises de pareilles licences, avait regardé à la fois son sujet d'en bas, au bord de l'eau, puis du parapet, ce qui a fait dire à Burty : Cette vue est prise du chemin de halage, au pied du quai de la Tournelle ; à gauche, les maison du quai du Marché-Neuf... Les Tours de Notre-Dame, qui s'élèvent au-dessus de la composition, sont beaucoup trop hautes, eu égard à leur dimension réelle et aux lois de la perspective. Nous aurions plus d'une fois, ajoute Burty, à signaler cette erreur, si elle n'était complètement volontaire et en résumé parfaitement acceptable. M. Meryon n'a point la prétention que ses planches aient la froide exactitude de l'épreuve photographique. Lorsqu'il a pris son premier croquis d'en bas, du bord de l'eau par exemple, il est évident qu'il s'est placé à un point de vue inaccoutumé pour l'immense majorité des spectateurs ; il monte alors sur le quai, et coud, avec une habileté sans égale, à cette donnée première, le spectacle qui frappe ordinairement du parapet les yeux du passant. Il compose, par ces deux opérations, un tableau qui est en même temps une vue réelle. »

Le *Petit Pont* a été exposé au Salon de 1850 et c'est au verso de ce cuivre qu'a été gravé en 1866, la vue de l'*Ancien Louvre,* d'après une peinture de Zeeman ; nous reviendrons un peu longuement au cours de cette étude sur cette planche, à propos des incidents qui en marquèrent la remise à la Chalcographie du Louvre.

Meryon se trouvant sans doute trop à l'étroit en son modeste logis de la rue Saint-André-des-Arts, alla habiter rue Saint-Étienne-du-Mont, la maison (n° 25) qu'il a pris soin de chiffrer de son monogramme, sur le cuivre représentant le *Collège Henri-IV*. C'est dans cette demeure, où le jour pénétrait difficilement, que Meryon a réalisé la partie de son œuvre qui restera comme l'une des plus imprévues et des plus étonnantes manifestations du génie de l'eau-forte ; la série des EAUX-FORTES SUR PARIS, à laquelle se rattache le *Petit Pont.*

Quoique le *Stryge* porte le n° 1 dans cette merveilleuse série, il n'a été gravé qu'en 1853. Commencée en 1850 avec le *Petit Pont,* cette suite, après une interruption d'une année, fut terminée en 1854. Au cours de l'année 1852, Meryon ne grave pas moins de cinq planches de la série : le titre de son recueil ; puis la *Tour de l'Horloge,* alors en voie de restauration. « A l'heure où M. Meryon a gravé, d'une pointe si vigoureuse, la vue du Châtelet et de la Tour de l'Horloge, les travaux aujourd'hui achevés — écrivait le chroniqueur de *l'Artiste,* en 1858 — étaient en cours d'exécution, et comme on le voit par sa gravure, le pittoresque n'y perdait rien. Depuis lors, un nouveau pas a été fait, et sous quelques jours le Pont-au-Change ne sera plus qu'un souvenir. L'estampe de M. Meryon va donc devenir une page d'histoire » ; ensuite *Saint-Etienne-du-Mont,* estampe d'une belle tenue sous son apparente simplicité ; la *Tourelle de la rue de la Tixéranderie* qui allait disparaître sous la pioche des démolisseurs ; cet eau-forte est une des plus ave antes de Meryon, lorsque les épreuves en sont bien tirées, c'est-à-dire ni trop retroussées, ni trop sèches, bien que Meryon préférât cette dernière manière d'imprimer. Enfin, Meryon mettait au jour la *Pompe Notre-Dame,* qui allait disparaître à son tour. Meryon écrivait à Paul Mantz à propos de cette estampe, réaffirmait le droit pour l'artiste, de modifier légèrement le point de vue réel, comme il l'avait précédemment fait, pour le *Petit Pont* notamment : « La Pompe Notre-Dame est à bien peu près la reproduction textuelle de cette bâtisse qui va, dit-on, bientôt disparaître. Je me suis cependant permis quelques petits changements, en modifiant les rapports de certaines parties, dans le but d'enlever au monument un peu de sa lourdeur. Les Tours saillent aussi un peu plus que dans la réalité ; mais je considère que ce sont licences permises, puisque c'est pour ainsi dire dans ce sens que travaille l'esprit, sitôt que l'objet qui l'a frappé a disparu de devant les yeux... »

L'année 1853 se recommande par deux des belles planches du recueil : le *Stryge*, puis la *Galerie Notre-Dame*. Le *Stryge* est une traduction graphique très caractéristique des sculptures du Moyen-Age entrevues sous un angle nouveau, qu'empruntèrent par la suite, des artistes tels qu'Auguste Lepère et Charles Jouas. Cette pièce d'une exécution remarquable, montre d'autre part le scrupule tout à fait méritoire de Meryon. Le maître graveur a exécuté, avec un soin des plus minutieux, deux dessins avant d'attaquer sa planche ; dans l'un seulement, Meryon a étudié le Stryge ou le « diable de pierre » et la Tour Saint-Jacques ; on ne saurait aller plus loin dans la précision aussi bien que dans l'esprit de son sujet ; dans l'autre, Meryon a dessiné avec la même science et le même soin les silhouettes et les masses des maisons appelées à faire corps avec le motif principal. Lorsqu'il s'est ensuite agi de l'eau-forte, Meryon a procédé identiquement ; il n'a pas gravé sa planche « d'ensemble » comme il paraît l'avoir fait pour le *Petit Pont*, pour la *Tourelle de la rue de la Tixéranderie* et pour la *Tour de l'Horloge*, par exemple. Meryon a tout d'abord dessiné sur le cuivre verni et fait mordre ensuite les fonds et les constructions du premier plan, réservant le « Stryge » et la « Tour Saint-Jacques » ; la précieuse épreuve de ce premier état conservé au British Museum en fait foi. Ensuite, Meryon a complété sa planche en modelant les deux silhouettes qui font le principal intérêt de l'œuvre. A l'origine, la pièce était accompagnée du distique suivant :

Insatiable vampire, l'éternelle luxure
Sur la grande cité convoite sa pâture.

Pour des raisons restées inconnues, Meryon l'effaça. Les exemplaires portant ce distique constituent donc une curiosité qui les fait plus vivement rechercher des amateurs.

Quant à la *Galerie Notre-Dame*, cette quatrième grande planche des eaux-fortes sur Paris, elle se recommande par son merveilleux clair-obscur. L'impression de contre-jour que traduit si puissamment et si excellemment cette pièce, est d'une beauté qui émerveille et provoque l'admiration de l'esprit le moins enclin à l'emprise. Ce n'est pas en vain qu'un maître crée de telles œuvres : elle équivalent aux plus féconds poèmes et s'imposent au même titre que ceux-ci.

La dernière année — 1854 — consacrée par Meryon a sa série sur Paris, aura été la plus abondante, la plus riche de sa trop courte carrière d'artiste. C'est en effet l'année où Meryon a mis au jour quatre maîtresses œuvres, dont une seule suffirait à la consécration d'un nom. Ces quatre pièces sont la *Rue des Mauvais Garçons*, le *Pont-au-Change*, la *Morgue*, enfin l'*Abside de Notre-Dame* qui clôturait d'une façon si éclatante, avec la *Morgue*, par les artistes préférée, l'immortel album.

La *Rue des Mauvais Garçons* n'y fait figure que de « cul-de-lampe » ; dans la pensée de Meryon, cette pièce était un hors-d'œuvre ; elle est pourtant l'une des plus saisissantes pièces du Paris, et cette eau-forte à peine grande comme la main a hanté à l'égal du *Stryge*, le cerveau de bien des artistes, et non des moindres. L'influence de Meryon sur l'estampe originale contemporaine a été d'ailleurs considérable, et cette influence à la fois bienfaisante et efficace n'a guère été contre-balancée pendant la période de ces quarante dernières années que par celles de Rembrandt et de Whistler. Meryon a servi et servira encore d'exemple à travers les siècles.

Meryon toujours poursuivi par ce que pouvait cacher de mystérieux, les vieilles habitations et que grandissait son esprit imaginatif et romantique, a gravé dans la partie supérieure de sa planche de la *Rue des Mauvais Garçons*, les vers suivants :

Quel mortel habitait,
En ce gîte si sombre ?
Qui donc là se cachait,
Dans la nuit et dans l'ombre ?

Était-ce la Vertu,
Pauvre silencieuse ?
Le crime, diras-tu,
Quelqu'âme vicieuse.

Ah ! ma foi, je l'ignore ;
Si tu veux le savoir,
Curieux, vas-y voir
Il en est temps encore.

Le *Pont-au-Change* est, à l'inverse des deux eaux-fortes que nous venons d'analyser, une estampe toute imprégnée d'air et de lumière ; Meryon y a admirablement rendu le miroitement de l'eau, les vibrations de l'atmosphère. Dans un premier état, le graveur avait d'abord exécuté la Conciergerie, le Pont et le fleuve ; par contre le ciel est resté complètement blanc. Telle qu'elle, la pièce cependant est superbe ; son aspect a grande allure et revêt une haute tenue. Ensuite, la planche dont la mise en place avait été si heureuse, fut terminée de verve et les travaux ajoutés la rendent vivante, fluide, spirituelle.

Les premier et cinquième états de cette planche sont les plus admirables, dans les états postérieurs Meryon a laissé, par ses retouches et des additions imprévues, bizarres même, l'empreinte de son dérangement cérébral, de ses inquiétudes continuelles.

La *Morgue* n'est pas encore de Meryon la planche la plus célèbre, en partie à cause du motif sans doute choisi ; elle en est la plus justement admirée. Quelle évocation émouvante, extraordinaire, prestigieuse, consciencieuse et savante en même temps du caractère de l'Ancien Paris ! Avec quel style et quelle certitude Meryon a rendu la solidité des lignes des monuments de pierres ! Avec quelle science, il a concentré l'effet ! Mais pour saisir toute l'austère et âpre grandeur, l'empoignant attrait, pour juger enfin de l'art vraiment exceptionnel déployé par le maître graveur dans la *Morgue*, il faut porter son examen sur les très belles épreuves et celles-ci sont maintenant assez difficiles à rencontrer.

Des eaux-fortes de Meryon, l'*Abside de Notre-Dame de Paris*, l'*Abside* tout court pour les familiers de l'œuvre de Meryon, est la plus réputée dans le monde des amateurs de gravure, aussi bien en Amérique qu'en Angleterre ou en France. Cette pièce est prisée par rapport à son aimable aspect et pour l'harmonie de toutes ses parties, encore que le ciel soit, comme dans les autres eaux-fortes de Meryon, gravé avec une solidité qui ne messied d'ailleurs pas, en raison de la volonté qu'elle enserre, à l'ensemble de l'œuvre qui reste parfaitement homogène.

« Pour peu qu'on envisage ces estampes au point de vue « topographique, on est frappé, a écrit M. Dacier, tout d'abord « du petit espace dans lequel sont enclos les paysages pari- « siens qu'elles reproduisent ; pour Meryon, le vieux Paris est « borné au nord par la Seine, au sud par Saint-Étienne-du- « Mont, à l'est par l'abside de Notre-Dame et à l'ouest par le « Pont-Neuf ; sans doute, l'ancien habitant de la rue Saint- « André-des-Arts... gardait une fidélité d'artiste aux témoins « habituels de ses flâneries, à ces alentours de la Cité, alors « menacés de si violentes transformations... Aussi, on dirait « que le premier sentiment de Meryon, à l'aspect de ces quar- « tiers condamnés, fut une sorte de pitié, et que, de ce pitto- « resque qui allait bientôt crouler de toutes parts, il ait voulu « sauver au moins le souvenir. C'est une chose dont il faut lui « savoir gré... »

Tout est enseignement lorsqu'on étudie l'œuvre d'un maître jusque dans ses moindres détails. Aussi ne pouvons-nous nous défendre de relater à cette place, le chemin parcouru dans l'estime des amateurs, par les estampes de Meryon, l'*Abside de Notre-Dame* en particulier, de la date de publication de la pièce à nos jours. Le 24 mars 1854, Meryon adressait une supplique au Ministère de l'Intérieur, débutant ainsi : « Monsieur le Directeur. Vous m'avez déjà fait l'honneur de souscrire, au compte du Ministère de l'Intérieur, pour cinquante exemplaires d'une publication intitulée *Monuments de Paris*, dont dix livraisons ont paru. J'avais — ajoute Meryon — d'abord fixé à ce chiffre le nombre de planches ; mais l'œuvre serait trop incomplète, si je n'y en ajoutais deux autres, en cours d'exécution ; je vous prie donc... de faire souscrire pour le même nombre d'exemplaires (50) à ces deux dernières pièces (2 fr. l'une). » Quelles étaient ces deux dernières pièces ? La *Morgue* et l'*Abside* tout simplement ! Ainsi Meryon les taxait alors, lui-même, chacune deux francs ! Cadart, Vignères, Rochoux, cédaient ces estampes au même prix ou en obtenaient difficilement le double. En 1866, Meryon donnait quittance d'une somme de 25 francs au baron Pichon, pour la série complète des eaux-fortes sur Paris. La vente de Jules Niel (1873) qui avait connu, protégé Meryon, accuse un premier progrès dans l'ascension des prix en faveur des estampes du maître : une épreuve de l'*Abside* y atteignit cent francs ! La dispersion de la collection Wasset en 1880, accentuait encore cette marche ascendante et l'*Abside* s'y vendait 460 francs. Ce furent ensuite, toujours pour la même estampe, en 1905 (collection Le Secq des Tournelles), l'enchère de 2.400 francs ; en 1908, 5.700 francs (vente Jules Gerbeau) ; celle de 16.000 francs de la vente Theobald (1910), de 30.100 francs, de la vente Alfred Beurdeley (1920) ; de 38.000 francs, en 1924, enfin celle de 61.000 francs obtenue en 1920, par l'exemplaire avant toute lettre qu'avait offert Meryon à son maître Eugène Bléry ! Ce même exemplaire avait été payé 800 francs, croyons-nous, vers 1890.

Les prix des œuvres d'art ne doivent certes pas être regardés comme des criterium absolus pour juger de la valeur de ces œuvres ; que d'erreurs l'on commettrait ! Cependant c'est un indice indiscutable du succès d'un artiste.

La série des eaux-fortes sur Paris n'était pourtant pas passée inaperçue. Victor Hugo consulté sur le mérite qu'il reconnaissait à Meryon, répondit : « Il ne faut pas que cette belle imagination soit châtiée de la grande lutte qu'elle livre à l'Infini, tantôt en contemplant l'Océan, tantôt en contemplant Paris... Le souffle de l'Immensité traverse l'œuvre de Meryon et fait de ses eaux-fortes plus que des tableaux — des visions. » Toute grandiloquence mise à part, on ne saurait mieux, en si peu de mots, définir Meryon que ne l'a fait le grand poète. Charles Baudelaire s'était aussi enthousiasmé pour le maître : par l'âpreté, la finesse et la certitude de son dessin, M. Meryon rappelle ce qu'il y a de meilleur dans les anciens aqua-fortistes. « Nous avons rarement vu, représenté avec plus de poésie, la solennité naturelle d'une grande capitale, » écrivit-il un jour. Baudelaire non seulement admirait Meryon, mais il avait aussi nourri le projet d'accompagner de poèmes ou de sonnets les eaux-fortes de Meryon, et le poète entra en correspondance avec le graveur et son imprimeur Auguste Delâtre, sans résultat. Baudelaire a relaté les péripéties de ces pourparlers avec quelque amertume, dans des lettres adressées à l'éditeur Poulet-Malassis : « Et puis Meryon ! Oh ! ça c'est intolérable. Delâtre me prie de faire un texte pour l'album. Bon ! voilà une occasion d'écrire des rêveries de dix lignes, de vingt ou trente lignes, sur de belles gravures, les rêveries philosophiques d'un flâneur parisien. Mais M. Meryon intervint... Il faut dire : à droite, on voit ceci... Il faut dire : ici, il y avait primitivement douze fenêtres, réduites à six par l'artiste ; et, enfin, il faut aller à l'Hôtel de Ville, s'enquérir de l'époque exacte des démolitions. M. Meryon parle, les yeux au plafond, et sans écouter aucune observation. » Cette lettre était datée du 16 février 1860 ; le 9 mars de la même année, Charles Baudelaire écrivait à nouveau à Poulet-Malassis : « Je tourne ma lettre pour vous demander, très « sérieusement, s'il ne vous conviendrait pas d'être l'éditeur « de l'album Meryon (qui sera augmenté) et dont je dois faire « le texte. Vous savez que, malheureusement, ce texte ne sera « pas selon mon cœur. Je vous préviens que j'ai fait une ouver-« ture à la maison Gide... Ce Meryon ne sait pas se conduire, il « ne sait rien de la vie. Il ne sait pas vendre ; il ne sait pas « trouver un éditeur. Son œuvre est très facilement vendable. »

Dans une autre lettre enfin, non datée, Baudelaire énonce où en sont les pourparlers avec Meryon : « ... Je suis très em-« barrassé, mon cher, pour vous répondre relativement à « l'affaire Meryon. Je n'ai aucun droit là-dedans, aucun ; « M. Meryon a repoussé, avec une espèce d'horreur, l'idée d'un « texte fait de douze petits poèmes ou sonnets ; il a refusé l'idée « de méditations poétiques en prose. Pour ne pas l'affliger, « je lui ai promis de lui faire, moyennant trois exemplaires « en bonnes épreuves, un texte en style de guide ou de « manuel, non signé. — C'est donc avec lui seul que vous « aurez à traiter... »

Tous ces beaux projets d'édition et de collaboration échouèrent. Cependant, malgré tant d'avatars, Meryon ne perdait pas de vue une réédition de son album des eaux-fortes sur Paris et dans cette intention il retouchait ses cuivres (1861) un peu affaiblis, dans les fonds notamment ; il ajouta plusieurs corbeaux entre les colonnettes de la *Galerie Notre-Dame*, des rayons lumineux à la *Tour de l'Horloge*, diminua les maisons de la rue Dauphine, dans le *Pont-Neuf*, les ramenant à leur véritable proportion ; dans la *Morgue*, il modifia des figures et dans le *Pont-au-Change*, parsema le ciel à trois reprises différentes de ballons de toutes dimensions, succédant au ballon Speranza, puis de corbeaux ou plus justement d'un vol d'aigles ; enfin il raviva les fonds dans le *Stryge* et dans l'*Abside de Notre-Dame*.

Meryon fit-il ses retouches et ses additions avant ou après avoir inutilement offert, en dernier ressort, ses planches à la Chalcographie du Louvre ? Avant, vraisemblablement. En tous cas, nous devons retranscrire l'essentiel des observations que Meryon a écrites à la suite de ce nouvel échec, d'autant qu'elles font connaître son opinion sur la nécessité de détruire les cuivres après un tirage raisonnable :

« La chalcographie n'eut pas la bonne inspiration d'acheter au graveur ses cuivres, et les lui a laissé détruire dans des jours de profonde amertume. Je ne discuterai pas ici les devoirs de cette institution, qui me semble fondée dans un but au moins fort bienveillant pour les graveurs ; je n'ai d'ailleurs pas eu l'occasion, pour ma part — poursuit Meryon — d'être en rapport avec elle, (il devait l'être dans la suite), mais je puis dire immédiatement que je ne saurais me plaindre en aucune façon qu'on ne m'ait pas proposé d'acquérir mes planches, doutant même que pareil fait entre dans ses attributions et en seconde ligne je m'applaudis plutôt de la détermination que j'ai prise de les détruire. Je regrette seulement que l'état peu satisfaisant de mes finances ne m'ait jamais permis avant la destruction de ces planches, que de faire un trop faible tirage de ces vues qui m'ont données beaucoup de peine et de temps. Hormis cette circonstance, ma conviction est que j'ai sagement agi, et qu'il serait à désirer que pareille mesure fut toujours prise. En effet, de la consèrvation indéfinie... il doit résulter de nombreux inconvénients : en premier lieu, c'est une cause d'arrêt, de stagnation dans la production, parce que le plus souvent les éditeurs qui ont ces planches entre les mains, s'illusionnent sur leur valeur, sont moins portés encore à en faire faire de nouvelles... En second lieu, il en résulte presqu'immanquablement une exploitation abusive et au fond préjudiciable à tous, par le tirage indéfini des planches, jetant ainsi dans la circulation des épreuves inférieures qui émoussent le goût et appellent l'indifférence... Ce sont donc ces considérations réunies — conclut Meryon — qui me font dire qu'il serait à désirer que des règles fussent adoptées à cet égard, dans l'intérêt des gens du métier, comme dans celui des acquéreurs. Ne serait-il pas possible par exemple que lors de l'émission d'une œuvre, le tirage n'en fut déterminé tout d'abord la destruction de la plaque exigée ? »

Vœu compréhensible, rationnel aussi et en grande partie réalisé de nos jours. A l'époque à laquelle vivait Meryon, l'opinion était loin d'être unanime sur cet important point. Le grand Millet, pour citer un exemple entre vingt, ne pouvait se plier à l'idée de la destruction d'un cuivre ; il regardait cette destruction comme un acte barbare.

Le recueil des *Eaux-fortes sur Paris* occupe une trop large place, non seulement dans l'œuvre de Charles Meryon, mais aussi dans l'histoire de l'eau-forte au XIXe siècle, pour que nous omettions de poursuivre à cette place l'énumération et l'analyse des planches non encore mentionnées de cet album, afin d'en mieux faire embrasser la haute signification.

Les grandes planches, au nombre de douze, paraissaient le plus souvent par deux à la fois ; le titre, des culs-de-lampe, une dédicace, des pièces de vers enfin, formaient avec elles un ensemble de vingt-deux pièces. Meryon était, on le sait, grand admirateur de Zeeman ; c'est à ce petit maître hollandais qu'il a dédié son précieux album sur Paris, et sur la plaque incisée, le graveur termine ainsi sa dédicace :

De ce premier ouvrage
Où j'ai gravé Paris,
La ville à la galère,
Qu'à ton instar je fis.
En ta simple manière
Accepte au moins l'hommage !

Mon maître et matelot
Reinier toi que j'aime

Comme un autre moi-même
A revoir, à bientôt !

1854.

Meryon admirait également Bracquemond qui a gravé son portrait à deux reprises : dans l'une des planches, Meryon est représenté en médaillon, le visage tourné de profil à gauche ; si nous mentionnons ici ce portrait, d'ailleurs très typique, c'est parce qu'il fut publié en tête des cinquante premiers cahiers des *Eaux-fortes sur Paris*. Le quatrain suivant, gravé par Meryon lui-même, figure au bas de cette effigie :

Messire Bracquemond
A peint en cette image
Le sombre Meryon
Au grotesque visage.

A la suite du titre, du portrait de Meryon et de la dédicace à Zeeman, l'album se continuait par une petite planche de forme ronde : l'*Ancienne porte du Palais de Justice*, qu'accompagnait dans quelques exemplaires seulement une petite planche de vers, débutant par : *Qu'âme pure gémisse*... Les *Armes symboliques de Paris* venaient ensuite. La composition de ces armes ne fut pas sans préoccuper Meryon qui, en dehors de plusieurs dessins préparatoires, a gravé deux variantes de ces armes : la première planche représente le vaisseau de la ville sous un aspect assez imprévu, mais curieux; d'autre part, les tours couronnant ordinairement l'écusson, sont remplacées dans cette planche demeurée inédite, par des canons ; enfin la partie supérieure de l'écu n'est pas, comme d'usage, semée de fleurs de lys. « La crainte d'être accusé d'imprudence ou de présomption irréfléchie, d'inquiéter cet amour de la paix d'ailleurs si concevable qui est le propre surtout des habitants de ville, a fait que je n'ai pas produit cette composition de fantaisie, que je ne me souviens même pas bien d'avoir déposée. Je ne puis qu'être reconnaissant à la

Gazette, de prendre sur elle de la faire connaître ; puisque notre caractère, les hauts faits récents de l'armée, donnent au besoin raison d'être à cette proposition, un peu osée de ma part, j'en conviens. Et, au fond, pourrait-on me faire un crime de cette traduction de ma pensée, près d'une population si jalouse de son honneur. » C'est en ces termes que Meryon répondait à la phrase un peu tendancieuse peut-être de Ph. Burty à l'égard du régime impérial : « Meryon ne se crut « pas complètement autorisé par le Ministre de l'Intérieur, à « publier cette magnifique variante qui semblait contenir une « allusion à la terreur que l'Empire répandait encore. »

Dans le memento des planches des Eaux-fortes sur Paris, nous suivons l'ordre numérique adopté par Meryon, ordre qui ne concorde pourtant pas toujours avec leur date d'exécution ; c'est ainsi, comme nous l'avons déjà fait remarquer, que le *Stryge* gravé en 1853 précède dans le numérotage le *Petit Pont* de 1850. L'*Arche du Pont Notre-Dame*, la *Galerie Notre-Dame*, la *Tour de l'Horloge*, la *Tourelle de la rue de la Tixéranderie*, *Saint-Etienne-du-Mont*, la *Pompe Notre-Dame*, suivent ensuite, divisées par la *Rue des Mauvais Garçons* et la *Petite Pompe*. Le *Pont-Neuf* enfin continue la série que terminent avec quel éclat, le *Pont-au-Change*, la *Morgue*, et l'*Abside de Notre-Dame*.

Chacune des trois dernières eaux-fortes était accompagnée, mais fort rarement, d'une pièce de vers : *l'Espérance*, pour le *Pont-au-Change*, l'*Hôtellerie de la Mort*, pour la *Morgue*, *O toi dégustateur*, pour l'*Abside*. « Ces courts poèmes, d'une forme un peu rude, reflètent bien la personnalité angoissée, hantée de superstitions et de rêves humanitaires de Meryon, a fait très justement observer M. L.-H. Monod. Des retouches et quelques variantes témoignent d'autre part, ajoute-t-il, de l'importance que Meryon prêtait à ces vers, et il faudrait y voir là, en grande partie, l'explication de sa résistance à une collaboration « poétique » de Baudelaire.

Six des douze grandes planches des *Eaux-fortes sur Paris* furent exposées aux Salons : le *Petit Pont*, en 1850 ; la *Tour de l'Horloge*, *Saint-Etienne-du-Mont*, et la *Tourelle de la rue de la Tixéranderie*, en 1852, la *Pompe Notre-Dame*, en 1853, enfin l'*Abside de Notre-Dame*, en 1855. Faut-il critiquer, après tant d'autres, les jurys successifs de n'avoir réservé la moindre récompense à de telles œuvres ? Rappeler que la *Galerie Notre-Dame* fut même refusée en 1853 ? Rappeler encore que Meryon ne fut jamais proposé pour la croix, et enfin, que si Ch. Le Blanc et Vapereau s'étendent avec complaisance sur la personnalité de Bléry dans leurs dictionnaires, ils ne mentionnent même pas le nom de Meryon ? Le temps a réparé ces injustices et ces oublis vis-à-vis de Meryon, dont la gloire grandit chaque jour.

L'historique et l'analyse des *Eaux-fortes sur Paris* à peu près achevés, il nous faut revenir en arrière, à l'année 1851 ; année maigre d'ailleurs dans la production de Meryon : une seule pièce y a été en effet gravée : la *Porte d'un ancien couvent, à Bourges*. Cette eau-forte d'une exécution simple, franche, probe comme toujours, fut suivie en 1853, d'une autre vue prise à Bourges, la *Rue des Toiles*, qui compte parmi les planches les plus puissantes et les plus saisissantes du maître : elle vaut les belles pièces de la série de Paris. Dans les premiers états, un chien fouille des immondices ; ensuite cet animal a été effacé et remplacé par un groupe de deux soldats en costume du moyen-âge conversant avec une femme. Ces deux eaux-fortes n'étaient pas simplement le résultat d'un caprice : Meryon avait médité de constituer un album relatif à la ville de Bourges, comme il en avait conçu un sur Paris. Il avait même tracé sur des feuilles volantes avec soin conservées, deux libellés du titre et dans la demande au Ministère de l'Intérieur, demande à laquelle nous avons déjà fait un emprunt, Meryon continuait ainsi :

« Je vous adresse aussi ci-inclus une première planche gravée, d'un petit ouvrage sur Bourges, dont j'ai recueilli les matériaux dans ces derniers temps, et pour lequel je demande alors une nouvelle souscription. Cet ouvrage se composerait de dix pièces : quatre planches de la même dimension que celle-ci *(Porte d'un ancien couvent)* et six planches de parties d'édifices, matériaux ou détails. Dans la composition de l'ensemble, je me suis surtout proposé de recueillir des restes de maisons particulières (restes qui deviennent tous les jours de plus en plus rares), attendu que ce sont choses naturellement beaucoup plus négligées que les monuments publics (qui sont d'ailleurs conservés et restaurés), et cependant bien dignes d'intérêt sous beaucoup de rapports... Dans le cas où, accédant à ma demande, vous auriez la bonté de faire souscrire pour cinquante exemplaires (à 15 fr. l'un) je désirerais que la somme de 750 fr. montant de cette souscription, fut répartie en 2 paiements... sur la livraison de 2 planches d'ensemble et de 3 de détails. »

Meryon ne dut pas obtenir satisfaction en l'occurence ; nous ne voyons pas qu'il ait en effet, poursuivi la réalisation d'un désir si clairement manifesté. Aux deux pièces précitées, il y a lieu d'en joindre encore une autre : une *Ancienne habitation à Bourges* (dite maison du Musicien). Cette dernière planche ne fut gravée, toutefois, qu'en 1860, et à la suite d'un tirage d'environ 80 épreuves, Meryon esclave du principe qu'il avait à plusieurs reprises édicté, détruisit sa planche « qu'il estimait assez » quoiqu'elle ne compte pas, à notre avis, parmi ses meilleures. L'ensemble de la pièce est d'une moins bonne tenue que celle qui caractérise les œuvres antérieures de Meryon ; s'il s'y trouve des indications heureuses, on y constate également des maigreurs et la lumière est un peu diffuse.

Les années 1852 à 1854 furent en grande partie consacrées, comme nous l'avons déjà fait remarquer, à l'élaboration de l'album sur Paris. C'est tout à fait incidemment qu'il grava en 1853 un *Plan du combat de Sinope*, destiné à accompagner un texte qui ne parut pas, puis en 1854, l'*Entrée du Couvent des Capucins, à Athènes*. Cette eau-forte publiée dans l'ouvrage de Léon de Laborde : *Athènes aux XV*e*, XVI*e *et XVII*e *siècles*, est une copie ou plus justement une interprétation, partielle de la treizième planche des Ruines des plus beaux monuments de la Grèce, par J.-Ph. Le Bas. Dans le courant de la même année, Meryon grava enfin, en guise d'hommage et de reconnaissance à Eugène Bléry, la pièce de vers suivante qui ne saurait être passée sous silence :

A MONSIEUR
EUGÈNE BLÉRY

A vous Bléry, mon Maître,
Qui m'avez fait connaître
Les secrets de votre art,
Qui m'avez sans retard,
De votre âme fervente
Dévoilé le miroir ;
Ma muse adolescente,
De son unique avoir,
Veut offrir le prémice ;
Souffrez qu'au frontispice,
De ce modeste don
En gravant votre nom,
Pour faible témoignage
De ce que sent son cœur
Elle vous fasse hommage
Du fruit de son labeur.

« C'était peu de chose alors que cet humble tribut de reconnaissance d'un élève inconnu. Bléry changerait-il aujourd'hui — écrivait M. Henri Beraldi, en 1885 — contre un volume d'éloges ces quelques lignes gravées sur le cuivre par le maître de l'eau-forte moderne ? »

La période active de la vie artistique de Meryon est renfermée dans un cycle de quelques années, et à l'époque que nous venons d'atteindre (1854), Meryon arrivé à l'apogée de son talent, avait donné le meilleur de lui-même. Les merveilles de son œuvre gravé se trouvent en effet englobées entre les années 1850 et 1854, dans son recueil des *Eaux-fortes sur Paris* plus spécialement· Certes, dans la quarantaine de planches que Meryon fera mordre dans la suite, il s'en rencontrera encore d'excellentes, comme la vue du *Collège Henri IV* ; néanmoins, la plupart des nouvelles productions de Meryon, souvent sans grande corrélation entre elles, et reconnaissables par une facture qui s'est assouplie et affinée, ne possèdent plus que rarement la grandeur austère si impressionnante de ses œuvres antérieures. De plus, on constatera, dans divers détails les premiers symptômes, de son trouble cérébral.

Meryon, de 1855 à avril 1858, c'est-à-dire avant son premier internement, grava une dizaine de pièces : la copie d'une estampe à peu près introuvable d'Androuet du Cerceau, la *Salle des Pas-Perdus, au Palais de Justice,* dont le baron Pichon possédait une épreuve, puis deux dessins de V.-J. Nicolle, le *Pont-au-Change vers* 1784 et le *Pont-Neuf et la Samaritaine de dessous la première arche du Pont-au-Change,* d'une facture un peu maigre. Le graveur lui-même notait plus tard : « Cette petite pièce (la première) quoique rendant assez bien le dessin original, laisse à désirer sous le rapport de la solidité et de la largeur de faire. » Meryon, constatons-le une fois de plus, savait se juger.

Si Paris restait pour quelque temps encore l'objectif de Meryon, il n'accaparait plus complètement le cerveau du maître graveur. Des préoccupations étrangères aux arts le poussèrent à se lancer plus ou moins ouvertement dans la métaphysique, et ses hantises nous ont alors valu des planches imprévues comme la *Loi Solaire* et la *Loi Lunaire.* S'il est loisible d'observer quelques anomalies dans les idées humanitaires, sociales, développées par Meryon, comment méconnaître par contre la valeur morale incontestable attachée à certaines propositions que Meryon soumettait au public :

« Si j'étais Empereur et Roi — explique-t-il, dans la *Loi* « *Solaire* — de quelque puissant état (ce que je ne voudrais « ni ne pourrais être). Vu que les Grandes Cités ne sont « enfantées que par la Paresse, l'Avarice, la Crainte, la « Luxure et autres mauvaises passions ; je ferais élaborer « une loi déterminant, d'une manière aussi précise que « possible, l'espace de terrain, avec ou sans culture, forcément « adjoint à toute habitation de capacité voulue, pour un « nombre donné de créatures humaines, de telle sorte que « l'Air et le Soleil, ces deux principes essentiels de la Vie, « puissent toujours y être largement répartis. Cette loi, « source de tout bien-être matériel et conséquemment moral, « s'appellerait Loi Solaire. »

Meryon en répondant dans ses *Observations* aux assertions de Burty, écrivit : J'ai déjà eu l'occasion de dire plusieurs fois, et cette opinion est bien réfléchie chez moi, qu'il ne convient de produire ces petites pièces, la *Loi solaire* surtout, qu'avec beaucoup de réserve, ni les discuter que fort discrètement, prudemment, parce qu'elles peuvent causer du désordre, même de grands maux... »

L'idée qui préside en tous cas à la *Loi Solaire*, est généreuse et noble ; et si par la pensée, le lecteur se reporte à l'année 1855, date de la *Loi Solaire*, il se rappellera les ruelles étroites et sordides, les taudis de cette époque entrevues par l'artiste aussi bien dans la rue des Mauvais-Garçons que dans les quartiers adjacents.

Quant aux vœux de morale qu'exprime a une double reprise la *Loi Lunaire*, en 1856 d'abord, en 1866 ensuite, nous entrons ici dans le domaine de la bizarrerie. Une année a d'ailleurs passé entre l'élaboration de la *Loi Solaire* et de la *Loi Lunaire*. Meryon commençait déjà à subir les atteintes du mal qui devait finir par le terrasser. Dans les deux planches de la *Loi Lunaire*, il montre deux boîtes perpendiculaires dans lesquelles l'homme et la femme cadenassés, devaient dormir debout ! « Le lit de nos cités est en maints cas, meuble de paresse et de luxure », écrit-il avec sa pointe, et l'homme comme la femme devraient passer la nuit debout « le poitrail ouvert amplement... les bras en croix... comme eussent fait enfin l'héroïque Pucelle, Duguesclin ou Bayard le preux chevalier, et la face tournée vers le Levant pour que l'aube matinale les frappe de sa lumière... Cette loi cause puissante de Force, de Pureté s'appellerait LOI LUNAIRE », conclut Meryon.

Nous avons indiqué à propos de l'estampe la plus connue de Meryon, l'*Abside de Notre-Dame*, les minimes oboles que le maître recevait pour ses plus belles planches. L'eau-forte originale à cette époque d'ailleurs, n'était guère monnayable et les peintres-graveurs contemporains de Meryon sacrifiant à cette formule savoureuse de l'art, le faisaient en réalité pour leur propre satisfaction et non dans l'espoir d'un gain. Corot a gravé une douzaine d'eaux-fortes ; une seule lui a été payée. Ce n'est que depuis une trentaine d'années qu'il existe un courant tout à fait sympathique en faveur de l'estampe originale. Elle n'est plus le tableau du pauvre, mais depuis peu de temps seulement. Meryon qui n'avait d'autre ressource que sa pointe, éprouva donc d'infinies difficultés pour subvenir à ses besoins. Le maître avait certes de fervents admirateurs, mais le cercle en était restreint et aujourd'hui encore nous connaissons les noms de la plupart d'entre eux. C'étaient outre Philippe Burty, son historiographe, Jules Niel et A. Wasset, Benjamin Fillon, historiographe du Poitou et de la Vendée qui lui commanda plusieurs portraits pour ses propres ouvrages : ceux de *François Viète*, de *René de Burdigale*, de *Pierre Nivelle*, de *Jean Besly*, de *L.-J.-Marie Bizeul* et d'*Agrippa d'Aubigné*. Ces planches exécutées au cours des années 1861 et 1862, reproduisent ou interprètent des estampes très antérieures de Crispin de Passe, de Michel Lasne et même une lithographie contemporaine de Jules Hébert. Dans chacune d'elles, Meryon a cherché à se rapprocher de l'aspect archaïque des modèles et à propos du portrait de *René de Burdigale,* Meryon répondait à B. Fillon, à la date du 7 septembre 1861 : « ... vous faites preuve à mon égard d'indulgence et de bonne volonté en vous disant satisfait en tout point du portrait de Laudonnière ; je vois bien qu'il laisse à désirer sous plus d'un rapport. Il est vrai qu'il faut tenir compte des conditions dans lesquelles je fais ces gravures. D'une part, ce n'est pas mon genre habituel ; le temps me manque pour la préparation comme pour l'exécution de ma besogne ; de l'autre, j'ai à me servir d'un instrument (le burin) qu'on ne parvient à bien manier qu'après une longue pratique, quand on n'est pas forcé d'y renoncer tout à fait... »

Il faut convenir en effet que la représentation du visage humain, n'était pas le fort de Meryon, et les portraits qu'il a gravés de gré ou de force, ne sont pas le meilleur de son œuvre, même celui de Benjamin Fillon à propos duquel l'auteur a émis cette opinion : « Ce portrait est, au point de vue de « l'exécution, le meilleur de la suite. Je l'ai fait d'après une « photographie bien venue, dont ma gravure est la reproduc- « tion fidèle, à quelques légères modifications près, par les- « quelles j'ai accentué davantage certains caractères pensant « augmenter l'intérêt de la physionomie. » Nous doutons toutefois que B. Fillon ait jamais eu cet abord rébarbatif.

Parmi les autres admirateurs du génie de Meryon, figuraient le baron Jérôme Pichon qui tenta vainement de l'attirer chez lui, en Normandie, Soleil, Alfred Sensier, Parguez, Émile Galichon, François Hillemacher, Monnerot, Philippon, Louis Valentin, les docteurs Coffin et Gachet, le commandant Gustave de Salicis, l'un des plus fervents, enfin le peintre Henri Le Secq, dont nous retrouverons le nom dans la suite, et quelques rares passants.

C'était hélas ! trop peu pour permettre à Meryon de vivre convenablement. Sa santé déjà délicate et compromise par des fantaisies anormales, devait vivement se ressentir d'un tel état de choses, et son cerveau en proie à de multiples inquiétudes, en subir de nombreux contre-coups. Des amitiés s'interposaient bien pour lui venir en aide ; mais de l'avis même de témoins dignes de croyance, ces amitiés se heurtaient le plus souvent, non seulement à l'incompréhension de Meryon pour tout ce qui touche à l'existence, mais aussi à une fierté dont l'artiste subissait involontairement le joug et qui, à la longue, émoussait, décourageait les volontés les plus tenaces comme les mieux disposées à son égard. Avec quelle prudence, avec quel doigté fallait-il agir pour acquérir des épreuves, dont il entendait ne se séparer qu'une à une, même lorsqu'un carton sous le bras, il allait faire visite soit à l'un de ses admirateurs, soit à Rochoux, à Vignères ou à quelqu'autre marchand d'estampes. Non pas par orgueil, encore moins dans un but de spéculation. Sous ce dernier jour, la modestie de Meryon était sans égale. La prétention la plus élevée que nous connaissions de Meryon n'excède pas la somme de... 10 francs qu'il demanda vers la fin de sa vie, pour un exemplaire du *Pont-au-Change*, avec les oiseaux de proie dans le ciel !

Les intimes de Meryon eurent à un certain moment une lueur d'espoir. Le duc Louis-Prosper d'Arenberg qui avait eu l'occasion de feuilleter à Montpellier sa série des vues de Paris et qui avait été frappé de leur beauté, s'intéressa à leur auteur et appela celui-ci auprès de lui à Bruxelles. Qu'allait-il advenir du « changement d'air » et surtout d'une existence aisée ? Rien. Meryon dont le caractère devenait de jour en jour plus inquiet, plus soupçonneux, même envers ses meilleurs amis, quitta brusquement au bout de peu de temps et sans aucune espèce de raison, Bruxelles et son protecteur. De retour à Paris, Meryon qui avait cessé de graver depuis un an au moins, s'installa d'abord rue du faubourg Saint-Jacques, dans une maison appartenant au graveur Léon Gaucherel, puis au 81 de la rue Saint-Jacques, où il ne résida guère. Les progrès de sa démence inquiétaient son entourage : « Là — au 81 de la rue Saint-Jacques, a écrit Ph. Burty, le témoin le plus précieux de la vie tourmentée de Meryon — Auguste Delâtre venait le soigner. Encore n'était-ce point facile. Meryon ne voulait pas quitter son lit. Il menaçait d'un pistolet ceux qui l'approchaient. Un soir, M. Léopold Flameng. (qui était tout jeune à ce moment, il avait à peine 27 ans) vint avec un carton, une feuille de papier gris et des crayons noirs, et quoique Meryon s'y prêtât peu, il esquissa un portrait de caractère. Meryon en chemise, une cravate nouée lâche autour du col, est à demi-assis sur un lit de fer ; un de ses genoux soulève la couverture et sert d'appui au bras qui soutient la tête... La silhouette de la chevelure, aux mèches roides et indociles, est vivement projetée sur le mur par la lumière oblique de la lampe. Le visage aux traits aigus, émaciés par le jeûne qu'il s'imposait volontairement, est empreint de mélancolie et d'ironie.

« Lorsque le dessin fut achevé, Meryon demanda à le voir. Brusquement, il s'élança de son lit pour le déchirer. Flameng s'enfuit en renversant une chaise. »

Le lendemain, 12 mai 1858, deux agents s'emparaient de Meryon, qui se laissait conduire sans résistance à la maison de Charenton-Saint-Maurice. Il était alors âgé de 37 ans. »

Phillipe Burty ajoute que dans le « certificat de vingt-quatre heures », le Dr Calmet déclarait Meryon atteint de délire mélancolique.

La période qu'il passa à Charenton du 12 mai 1858 au 25 août 1859, lui apporta le repos. De plus, une alimentation et une existence régulières succédant à une vie toute de privations, influa heureusement à la fois sur le caractère ombrageux de Meryon et sur son état général ; aussi ses amis espéraient-ils la guérison. Dans les longues heures de sa retraite, le maître ne restait pas, d'autre part, tout à fait inactif ; la direction avait fait aménager à son intention un atelier, pour qu'il fût à même de dessiner, de peindre et de graver. Cela permit à Meryon de reprendre contact avec la pointe et de reproduire le croquis que Viollet-le-Duc lui porta un jour des *Ruines du château de Pierrefonds.* Plus tard, Meryon faisant allusion à cette planche, écrivait : « J'ai fait à l'eau-forte ce petit paysage d'après un léger et spirituel croquis de M. Viollet-le-Duc, étant à la maison impériale de Charenton », tout comme s'il s'était agi en la circonstance, d'un lieu de résidence par lui choisi...

Rendu trop tôt à la liberté, Meryon végéta comme avant son internement. Son caractère s'aigrit davantage avec les années ; partout il appréhendait des ennemis, jusque dans ses lieutenants les plus dévoués, se brouillant avec les mieux intentionnés et les plus serviables. Sa santé, déjà précaire, s'aggrava tant par les privations qu'il lui fallait supporter, que par des jeûnes volontaires qu'il s'imposait sans raison. Le mauvais état de sa santé influa sur son talent. Une planche de Meryon, constatons-le une fois pour toutes, n'est jamais insignifiante ; néanmoins, autant ses œuvres gravées avant son double internement sont en tout point admirables et d'un parfait équilibre, autant celles qui forment la seconde partie de son œuvre perdent en force, en grandeur, en puissance ce qu'elles gagnent en souplesse et en agrément. On ne saurait nier que des eaux-fortes comme la *Tourelle de la rue de l'Ecole-de-Médecine,* préférée par Meryon « cette pièce quoique de petite dimension est à mon sens mon œuvre capitale », a-t-il écrit —, comme le *Bain-Froid Chevrier,* comme la *Rue Pirouette,* la *Rue des Chantres* et le *Collège Henri-IV,* ne soient encore de belles planches, mais en général elles supportent mal la comparaison avec leurs devanciers.

La planche du *Collège Henri-IV* mérite toutefois qu'on s'y

arrête, car rarement artiste a rendu avec une telle amplitude et avec une telle vérité les méandres d'une grande ville. Il faut faire table rase des premiers états de la pièce, ou Meryon sous l'obsession de ses souvenirs de voyage comme marin, a tenu tout d'abord à indiquer à l'horizon, des montagnes, la mer et des pirogues, tout comme s'il se fut trouvé encore en quelque lieu perdu de la Nouvelle-Zélande ! Par la suite, fort heureusement, l'inconcevable fantaisie céda le pas à une plus stricte réalité, et Meryon compléta sa vue panoramique de Paris, considérée de la lanterne du Panthéon, avec une science et une conscience de dessinateur et de graveur presque sans égales. Combien de dessins préparatoires présidèrent à la genèse de cette importante estampe ? Nous l'ignorons. Meryon dut toutefois étudier morceau par morceau, les divers monuments et les quartiers compris dans la vue du *Collège Henri-IV*, si nous nous en référons à un dessin à la mine de plomb de la collection de M. Louis Godefroy et qui, daté de 1863 et annoté : *Premier dessin fait sur place*, représente la tour, dite de Clovis, seule, avec les quelques maisons qui l'environnent immédiatement.

Rien ne choque l'œil dans cette importante planche à laquelle Meryon apporta des soins tout spéciaux, ainsi qu'il l'a consigné dans une lettre écrite en 1864 — date d'exécution de la pièce — et dont nous extrayons les lignes suivantes qui fixent plusieurs points de détail :

« Dans cette pièce, reproduction textuelle et minutieuse de « la réalité... je citerai vers le centre du collège à la façade du « corps de logis mitoyen donnant sur une des cours, un cadran « solaire en pierre s'élevant sur le toit ; dans le coin à gauche « une partie de Saint-Étienne-du-Mont... dans l'angle en haut « et à droite Saint-Médard, tout à fait à la limite du coin à « gauche, le pavillon d'entrée sur le quai de l'Entrepôt des « vins ; au-dessous du médaillon de droite, la prison Sainte- « Pélagie où l'on peut distinguer les guérites des faction-

« naires... A l'aplomb encore de ce médaillon vers le centre, « en partie dans l'ombre, l'entrée de la rue Copeau... Usant « de mon droit d'auteur pour cette pièce, j'ai indiqué par « mes initiales C. M., une maison rue Saint-Étienne-du-Mont, « 26, que j'ai habitée pendant un laps de temps, où j'ai fait « ma suite intitulée : Eaux-fortes sur Paris. A proximité une « autre où j'ai connu ou plutôt vu et entendu quelquefois une « jeune fille dont je m'étais inconsidérément épris à cause de « sa fort gracieuse voix, laquelle me mit plus d'une fois à la « torture et qui eut une assez grande influence sur certains « événements de ma vie, mais influence plutôt, hélas ! « néfaste ! »

Quand on examine attentivement cette représentation du *Collège Henri-IV* et de ses alentours, il est impossible de ne pas admirer avec quel soin intelligent, Meryon a observé et précisé tous les plans, sans nuire cependant, malgré une rigoureuse exactitude dans les plus petits détails, à l'excellente tenue de l'ensemble. Cette eau-forte éditée par Rochoux, avait été commandée au maître graveur par deux de ses admirateurs, Philippon et de Salicis ; ils n'en assumèrent pourtant pas toute la charge, si nous prenons acte d'une citation *gravée* de Meryon, sur l'un des états de la planche : « exécutée sur la décision et aux frais de sociétaires du dit établissement, maîtres et élèves ; dans le but de conserver la mémoire de ce séjour, mais surtout, de leur part, dans une pensée protectrice et de sollicitude pour l'Art... »

Meryon avait-il deviné que la commande n'avait d'autre raison que de lui venir en aide ?

A l'occasion de cette même estampe, Meryon fait allusion sans s'y appesantir toutefois, à une jeune fille, sa voisine dans la rue Saint-Étienne-du-Mont : Mlle Louise Neveu, dont le nom a été jadis indiqué par Ph. Burty, croyons-nous. La révélation d'un amour, même platonique, est un fait trop rare pour que nous ne la soulignions pas. C'est la seule fois où une femme apparaît dans la vie cependant si tourmentée de Meryon ; encore Meryon avoue-t-il qu'il ne l'a pas connue ; il laisse même à comprendre qu'il ne lui avait jamais adressé la parole, mais qu'il l'aurait seulement maintes fois aperçue et surtout entendue, lorsque celle-ci, douée d'une jolie voix, se mettait à chanter. Meryon, dans cette confidence quasi-publique, paraît déplorer l'influence néfaste exercée par cette jeune fille sur les événements de sa vie. Dans quel sens ? Ni Meryon, ni aucun de ceux qui l'approchèrent et le fréquentaient le plus intimement, n'ont jamais fait la moindre allusion à la présence d'une femme dans son existence. Y a-t-il lieu de penser que cette influence, dérivant tout bonnement du cerveau à ce moment malade de Meryon, fut purement imaginaire ?

Les circonstances l'avaient rapproché antérieurement de la fille adoptive de son maître en gravure, Eugène Bléry ; mais, si les rapports furent empreints de cordialité de part et d'autre, il ne s'ébaucha aucune idylle.

Chez Meryon, il faut non seulement admirer le génie qui fait du maître un être exceptionnel dans le domaine de l'estampe, mais louer également sans réserve sa très grande conscience. Jamais Meryon ne laisse quoi que ce soit au hasard dans la moindre de ses planches. Tout, au contraire, y est parfaitement raisonné et établi. Nous l'avons remarqué maintes fois et en dernier lieu, à propos du *Collège Henri-IV*, pas assez admiré. Nous avons la preuve irrécusable de cette conscience, dans une autre eau-forte, de très petite dimension, gravée la même année que le *Collège Henri-IV* ; le *Bain-Froid Chevrier*, dont le cuivre fait partie du fonds si riche du Cabinet des Estampes de Paris. Or, pour cette planche, Meryon correspondit longuement — comme c'était d'ailleurs son faible — avec Henri Le Secq, peintre-amateur et collectionneur de goût, qui la lui avait commandée, et dans l'une de ses lettres, il nous a précisé le temps passé à l'exécuter : « J'ai fait le relevé du temps que j'ai employé à l'exécution de cette petite gravure, par jour et fractions de jours ; j'obtiens un total de 45 jours pleins, et par là j'entends un travail de 6 à 8 heures. » Quelle plus grande évidence de la conscience de Meryon ?

Le cuivre du *Bain-Froid Chevrier* offrait à Meryon une nouvelle occasion de combattre en faveur de l'opportunité qu'il y avait, à son avis, de détruire les planches, bien qu'il n'ait pu obtenir gain de cause, en dépit de ses objurgations réitérées :

« Cédant aussi au désir que vous m'avez exprimé — écrivait- « il à Henri Le Secq — bien contre ma manière de voir, je « vous avais promis de vous livrer la planche ; mais vous « pouvez comprendre, après toutes ces explications que je « vous ai données, que je m'en défende encore et j'espère que « vous voudrez bien vous rendre à mes observations pour sa « destruction, après un tirage raisonnable, fait selon la règle « que je suis maintenant. Songez à tous les abus qui peuvent « avoir lieu, pour n'avoir pas observé cette sage mesure ! « Une planche étant donnée, il est très facile, de nos jours, « avec tous les moyens qu'offre l'industrie, de la reproduire « indéfiniment : le moulage en plâtre, la galvanoplastie, « l'aciérage, la photographie, le report de l'épreuve... »

Le danger pressenti par Meryon devait se réaliser dans un avenir proche. La plupart de ses plus belles pièces ont été reproduites à maintes reprises par la photogravure et l'héliogravure notamment, parfois dans un but documentaire, par conséquent utile et louable, mais le plus souvent dans un esprit de lucre et même de fraude. Les gros prix atteints dans les ventes publiques par les exemplaires exceptionnels des œuvres de Meryon, devaient infailliblement conduire vers la spéculation.

L'héliogravure et la photogravure n'ont pas été les seuls procédés employés pour reproduire les eaux-fortes de Meryon. Quelques-unes de celles-ci ont aussi été copiées à l'eau-forte, et le copiste, le marchand d'estampes, Edmond Gosselin, a signé plusieurs d'entre elles de ses initiales E. G. Les planches copiées par E. Gosselin, sont les suivantes : le *Stryge*, l'*Arche du Pont Notre-Dame*, la *Galerie Notre-Dame*, la *Rue des Mauvais Garçons*, la *Tourelle de la rue de la Tixéranderie*, *Saint-Etienne-du-Mont*, le *Pont-Neuf*, le *Pont-au-Change*, *la Morgue*, enfin l'*Abside de Notre-Dame*, soit en résumé neuf des douze grandes planches des *Eaux-fortes sur Paris*, renfermées sous un titre-couverture, que le copiste, a ainsi libellé. EAUX-FORTES SUR PARIS d'après C. MERYON, E. GOSSELIN, MDCCCLXXXI.

Mais point n'était besoin, comme en paraissait être convaincu Meryon, d'avoir en main les cuivres originaux pour en faire des reproductions, des truquages plus ou moins trompeurs : une épreuve suffit à qui veut frauder. La preuve en réside dans les nombreuses reproductions effectuées depuis une trentaine d'années des Eaux-fortes sur Paris, dont Meryon avait pourtant pris la précaution de détruire les plaques, en 1861. Cependant Meryon doit être approuvé et suivi dans le principe de la destruction des planches, sauf dans des cas exceptionnels où l'artiste serait juge. Cette destruction des cuivres est d'ailleurs de nos jours admise, sinon unanimement, du moins par la majorité des graveurs et jusque par leurs éditeurs.

Diverses considérations nous ont fait perdre de vue le labeur accompli par Meryon, depuis ses planches du *Collège Henri-IV* et du *Bain-Froid Chevrier* ; nous y revenons. C'est vers cette époque que Meryon, après avoir abandonné définitivement son projet sur Bourges, grava dans des instants d'accalmie, plusieurs des dessins rapportés de son voyage sur la corvette *le Rhin*. De 1863 à 1866, il exécutait donc, en outre d'une couverture-frontispice d'une curieuse présentation, la *Grande case indigène sur le chemin de Ballade à Poepo*, la *Pêche aux palmes en Océanie*, la *Pointe des Charbonniers*, les

Greniers indigènes, l'*Etat de la petite colonie française d'Akaroa*, enfin la *Chaumière du colon.* Ces eaux-fortes assez délaissées de nos jours, étaient destinées dans l'esprit de Meryon à former avec d'autres pièces, qui ne furent pas exécutées, un album-relation de son voyage.

Déjà Meryon ne pouvait travailler que dans de courts moments de lucidité ; bientôt même, il se trouva dans l'impossibilité matérielle de faire quoi que ce soit. L'album n'aboutit pas.

Deux des dernières planches de Meryon méritant qu'on s'y arrête, sont datées respectivement de 1865 et de 1866. L'une représente le *Ministère de la Marine.* Dans la partie supérieure de cette estampe, c'est-à-dire dans le ciel, des poissons-volants montés par des guerriers armés de piques, une barque, un char attelé de chevaux, un sagittaire, volètent pêle-mêle sous les yeux des passants médusés et qui contemplent avec un très compréhensible ahurissement ce spectacle peu banal. La bizarrerie, ou, pour le moins, l'inattendu qui présida à l'élaboration de cette pièce, ne rebuta pas cependant Alfred Cadart qui la publia telle quelle dans son album de la Société des Aqua-fortistes, avec en sous-titre : Fictions et vœux. Le cuivre qui en existe encore, a émigré en Amérique.

L'autre pièce est la traduction d'une peinture de Reinier Zeeman : *l'Ancien Louvre.* M. Pierre Gusman, le graveur-historien, a relaté dans *Byblis* les péripéties qui marquèrent l'exécution et la livraison de cette planche à la Chalcographie du Louvre, qui par l'entremise du comte de Nieuwerkerke, la lui avait commandée en février 1865.

En remettant une épreuve du premier état de sa planche, Meryon y joignit le commentaire suivant : « Mon résultat est, « je le sais fort bien, beaucoup trop uniforme de ton et fort « imparfait ; mais tout en faisant la part de ce défaut, de ce « qui provient de moi, je n'ai non plus voulu chercher à modi- « fier l'effet du tableau, qui est d'un ton généralement terne

« et manque, quoique frais encore et coloré, de cette franche « simplicité qui est une des qualités ordinaires de ce maître. « En outre, j'ai conduit ces premiers travaux avec l'intention « de leur donner de mon mieux la correction désirable par le « burin dont j'ai acquis, par la pratique, un plus facile usage. »

Après avoir évoqué les deux grandes vues de Paris, de Jacques Callot, qu'avec raison, les amateurs d'estampes tiennent en grande estime Meryon poursuit : « J'ai donné à « ma planche les mêmes dimensions exactes des propres eaux-« fortes de Zeeman, m'imposant ainsi, il est vrai, un degré « de finesse bien minutieuse peut-être à observer, mais cepen-« dant possible, en y mettant le temps et le soin voulus, cette « réduction pouvant être, dis-je, fort opportune, en ce sens « qu'elle attestera de la précision que permet d'obtenir le « procédé particulier que j'applique maintenant, procédé qui « consiste à graver directement d'après le tableau, tenant « dans la main en appuyant sur l'avant-bras la planche et de « cette même main le petit miroir qui sert à renverser, sup-« primant de la sorte tout transparent, ce qui laisse profiter « du jour dans toute sa clarté ; gravant même debout, d'où « résulte beaucoup de gain de temps et une exécution d'une « fidélité bien plus grande que lorsqu'il faut passer par un « dessin : méthode excentrique si l'on veut, bien différente de « celle convenue... quoique ce soit l'exacte vérité et qu'on « puisse même obtenir de cette façon, sans loupe, une extrême « finesse... »

Nous ne nous ferons pas l'écho des commentaires un peu alambiqués dont Meryon fit précéder le dépôt de son œuvre ; nous rappellerons seulement, après M. P. Gusman, le court récit laissé par M. de Chennevières de la visite de Meryon au Louvre :

« Sans même me donner le temps de la réplique, Meryon « insiste pour une opération immédiate. Là-dessus on le prie « d'écouter une foule de raisons, et l'on essaye d'ouvrir la

« bouche. Au premier mot, le voilà tout en rage, faisant le « moulinet avec sa canne au nez du vieux conservateur-« adjoint épouvanté. Il fallut lui laisser faire tapage sur « les meubles à tour de bras avant de le mettre hors de la « portée de nuire. »

Si attristants que soient de pareils faits, on ne saurait cependant les passer sous silence ; ils servent à fournir une compréhension plus nette de la marche ascendante du déséquilibre de Meryon, devenu intolérable pour ses amis les plus patients. Burty, Niel, de Salicis, venaient le voir quand même ; mais le plus souvent, Meryon vivait volontairement isolé, ne sortant de chez lui, rue Duperré, que pour se rendre dans un café voisin, fréquenté surtout par des artistes ; le café Larochefoucauld, où en guise de *bon* pour y inscrire ses consommations, il offrait des épreuves d'une petite pièce gravée à cet effet d'après un de ses croquis exécutés en Océanie : le *Prô-volant des Iles Mulgraves.*

Les rares amis qui avaient accès auprès de Meryon, furent effrayés de la rapidité des progrès de sa nouvelle démence, pendant les mois d'août et de septembre 1866. A son insu, ils se concertèrent et décidèrent de provoquer une consultation. Le diagnostic ne faisait aucun doute sur la gravité de l'état mental de Meryon : une lypémanie chronique avec hallucination des principaux sens. A la suite de cette consultation, l'internement de Meryon fut de nouveau résolu et le malheureux artiste alors conduit, le 12 octobre, à Charenton.

Le maître-graveur, malgré les soins attentifs dont il fut entouré, ne devait plus sortir de cet asile. Il y vécut plus d'un an et demi sous l'emprise de cette maladie, dont la caractéristique est la perversion des sentiments affectifs. Le vendredi 14 février 1868, Charles Meryon mourait à la suite d'un long jeûne, car se croyant le Christ détenu par les Pharisiens, il ne voulait pas faire tort de sa nourriture aux déshérités !

« Je l'ai vu couché dans son cercueil, — a écrit Ph. Burty

« qui lui demeura fidèle malgré une mésentente qui les avait « séparés. — On eût dit une de ces figures en cire que les artistes « français, au Moyen-Age, moulaient sur le visage à peine « refroidi, retouchaient, coloriaient... son front carré et proé- « minent semblait avoir été poussé en avant par l'incessant « bouillonnement du cerveau. Sa bouche large et mince, serrée « comme un étau, traduisait cette volonté sans distraction « et sans fatigue, qui est la dominante dans son œuvre de « graveur. Ses yeux bruns n'étaient pas clos ; mais, grands « ouverts, à demi-éteints, ils cherchaient avec une attention « soucieuse et passionnée quelque chose à hauteur d'horizon, « un point invisible. »

Meryon appartenait à la religion protestante. Cependant aucun pasteur ne vint réciter au pied de son cercueil les dernières prières, car c'était l'heure du prêche. En présence de quelques amis, Bracquemond, Auguste Delâtre, Ph. Burty, le Dr Foley, son camarade, le commandant G. de Salicis, prononça quelques paroles qui ont été conservées et méritaient de l'être :

« L'éminent artiste vient terminer sa première existence là, « dans cette froide fosse. Pour nos yeux, il n'est déjà plus ; « mais dès à présent il prend sa place dans l'histoire de l'Art, « car rien ne lui a manqué de ce qui fait les illustres : la souf- « france pas plus que le talent. Dominé, poussé par le Dieu « caché, Meryon lui a tout sacrifié : visions de jeunesse, car- « rière enviée, patrimoine, santé, raison. Tout ! ai-je dit, oui, « tout ! excepté la probité, l'honneur de l'âme... Au fond de « cette pauvre barque agitée, à tout instant noyée et courant « au naufrage, chantait un oiseau blanc : la Conscience... « Cessons donc aujourd'hui de plaindre celui qui s'est appelé « Meryon dans la misère : il va se nommer Meryon dans la « célébrité, et la meilleure part de lui-même a déjà repris sa « place dans l'éternelle et sereine lumière. Que si, comme toute « créature, il portait en soi l'imperfection humaine, la vie a

« été pour lui le temps des rudes épreuves. L'expiation est « d'avance accomplie, et dans le monde inconnu d'au-delà, « le moindre des bonheurs qui le puisse attendre sera celui « qu'il a toujours envié sans le trouver jamais : Meryon a le « repos. »

C'est au cimetière de Charenton que repose Meryon ; une lame de cuivre encastrée dans une pierre noire de Bretagne recouvre la dépouille mortelle du génie de l'eau-forte moderne ; sur cette lame, Bracquemond a gravé une tête de mort surmontant deux flambeaux renversés ; puis au-dessous du nom de Meryon, des dates de sa naissance et de son décès, le graveur a figuré le monogramme bien connu de Meryon, encadré d'une branche de laurier à laquelle sont attachés, par un ruban, les outils du graveur : un burin, un étau, un crayon, un flacon d'eau-forte. Enfin à gauche, Bracquemond a gravé le vaisseau de la Ville de Paris, telle que l'avait composé Meryon dans la variante inédite que nous avons signalée.

Qu'était Meryon au physique ? Les deux belles effigies qu'a tracées de lui le maître-graveur Félix Bracquemond, auquel l'eau-forte originale doit tant, montrent un visage très caractéristique, mais ravagé par la souffrance. Dans le portrait de face, où Meryon est représenté à mi-corps, assis sur une chaise, le visage tourné vers la droite, les yeux un peu dissemblables, petits, sont interrogateurs ; le nez est fort et cabossé ; la bouche légèrement de travers est mince ; des cheveux plantés très avant sur un front haut, carré et proéminent, puis une barbe capricieuse complètent une physionomie intelligente, volontaire, inquiète et mélancolique aussi. C'est Meryon en 1852 et en 1853, avant ses crises.

Dans le portrait de Meryon qu'a dessiné Léopold Flameng, à la veille de son premier internement, le maître apparaît l'air hagard et malingre.

Le Dr Paul Gachet, graveur à ses heures et qui fréquenta au moins passagèrement Meryon, assez pour pouvoir juger l'homme autant que l'artiste, écrivait à Aglaüs Bouvenne, à la date du 1er décembre 1881, ce qui suit :

« Meryon était de petite taille, d'un tempérament à la fois « bilieux et nerveux, sec et comme ratatiné sur lui-même. « Simple dans sa mise, ombrageux et circonspect dans son « regard. Il évitait le plaisir et les camarades, aimant la « solitude et le travail. Introuvable chez lui, où personne ne « pénétrait. Il fallait s'y prendre longtemps à l'avance pour « le voir ou l'attirer chez soi. Nature maladive et triste, il « était sobre, mangeait peu, buvait encore moins, paraissant « toujours inquiet et en proie à une suggestion quelconque... « Nature sensible, droite, délicate mais d'un cerveau limité. « L'art pour lui n'existait qu'à l'état de fétiche, d'idéal, on ne « devait pas y toucher — il n'y avait pas d'artistes ! — C'était « trop difficile ! Lui n'était rien. Il ne fallait pas lui dire qu'il « faisait bien, cela ne lui allait pas et par les éloges on s'en « serait fait un ennemi... »

Nous avons tenté au cours de cette étude consacrée à la vie et à l'œuvre de Charles Meryon, de présenter une image aussi fidèle que possible, à la fois des faits les plus saillants de son existence et de ses eaux-fortes les plus typiques ; il en reste à étudier quelques-unes moins caractéristiques peut-être, mais qui vont nous permettre de revenir un peu longuement sur le métier propre du maître.

Entre les eaux-fortes de Meryon, qu'il ne saurait être question de passer sous silence, figure une vue panoramique de *San Francisco*, devenue depuis lors un document précieux et qui présente de plus cette particularité d'être la plus grande des planches exécutées par Meryon. Elle mesure en effet en largeur près d'un mètre (exactement 950 millimètres) ; mais là ne réside pas, empressons-nous de le dire, son seul mérite. Dans cette œuvre Meryon a abouti à un excellent résultat, avec des matériaux fort insuffisants ; il eut à raccorder, condenser, rétablir les indications très vagues d'épreuves de daguerréotypes, et il le fit avec un rare bonheur. A ces difficultés, devait encore s'en ajouter une autre : la morsure d'un si vaste cuivre !... « Le jour où je versai sur ma planche cou- « verte la traîtreuse liqueur (l'acide nitrique ou eau-forte) « par quelles émotions ne passai-je pas ! a noté Meryon dans « la suite. Ce fut presque pour moi une question de vie ou de « mort ! Enfin, grâce à un dessin propice, extraordinaire, il « faut en convenir, le résultat parut dépasser mon attente... « Cependant, un moment, je fus gravement inquiet... La « rouille avait empli les tailles, je ne pouvais plus suivre l'effet « du mordant ! Un homme du métier que je consultai — sans « doute Bracquemond ? — dut me donner un remède sca- « breux, que j'eus le bon esprit d'appliquer convenablement, « et je sauvais ma planche de ce pas difficile... » Meryon, faisons-le remarquer en passant, possédait parfaitement le métier d'aqua-fortiste : il n'y a guère d'exemples, dans ses cent planches, d'accidents survenus par ignorance du métier.

« Pendant une bonne partie de l'opération — a encore écrit « Meryon — j'avais travaillé à l'aveuglette... ne voyant pas « ce qui se passait sous le mordant, j'avais augmenté pro- « gressivement la dose d'acide nitrique jusqu'à une forte « proportion. Quand j'enlevai le vernis, je vis avec un con- « tentement extrême que la morsure était convenablement « graduée... » Meryon qui avait passé par bien des émotions, était sauvé ! Sur un cartouche tracé au centre de la planche, Meryon a gravé deux petits médaillons ; ce sont ceux de deux banquiers, J.-B. Bayergue et A. Pioche, commanditaires de la planche. Primitivement, Meryon avait songé à faire figurer « le feu avec flamme et fumée, s'élevant dans le ciel, et des oiseaux de proie tourbillonnant au-dessus », en lieu et place du cartouche précité. Meryon, pressé de livrer sa planche, ne put heureusement mettre son projet à exécution. Le cuivre du *San Francisco*, après avoir été entre les mains de Jules Niel, puis d'Alfred Cadart, qui le proposa en vain à la Chalcographie du Louvre, se trouve maintenant en Amérique, comme celui du *Ministère de la Marine*, auquel nous avons fait allusion plus haut.

L'œuvre gravé de Meryon comprend encore de petites estampes, d'un intérêt fort inégal ; il s'agit de planches, soit commandées pour lui venir en aide, soit de fantaisies sorties d'un cerveau qui avec les années, devenait de moins en moins lucide.

C'est d'abord l'*Adresse de Rochoux*, 19, quai de l'Horloge, marchand d'estampes anciennes, qui publia quelques planches de Meryon, entr'autres sa traduction d'un dessin du XVIIe siècle : la *Partie de la Cité vers la fin du XVIIe siècle*, planche où, contre toute vraisemblance, le graveur tint à silhouetter les tours de Notre-Dame, arguant qu'elles avaient été effacées sur le dessin original par des malveillants. Cette adresse de Rochoux a été exécutée au moyen de deux cuivres ; l'un pour être tiré en noir, le second en rouge.

Nous signalerons ensuite un *Frontispice* pour un catalogue raisonné des estampes dues au burin du renommé portraitiste Thomas de Leu ; ce frontispice orné de deux figures et exécuté dans le goût des gravures du début du XVIIe siècle, époque à laquelle florissait de Leu, devait illustrer un ouvrage de Thomas Arnauld et connu par une autre monographie consacrée à Michel Lasne, écrite en collaboration avec Georges Duplessis et publiée à Caen en 1856. Le livre d'Arnauldet sur Th. de Leu par contre, n'a jamais paru.

C'est encore la *Présentation du Valère Maxime au Roi Louis XI*, interprétation très serrée d'une miniature qui après avoir appartenu à Jules Niel, fit ensuite partie de la collection de dessins d'Alfred Beurdeley. Son premier propriétaire, Jules Niel, bibliothécaire du Ministère de l'Intérieur, et aussi bibliographe, admirait et aimait Meryon, auquel il fut utile en maintes circonstances. Sa fille, Gabrielle Niel, reçut d'autre part des conseils de Meryon pour la gravure et mit à profit les leçons du maître ; les eaux-fortes de Gabrielle Niel sont en effet d'une intelligente et brillante exécution et l'on a été même jusqu'à prêter, tout au moins pour la plus importante et la plus caractéristique d'entre elles : les *Restes gothiques de l'Hôtel-Dieu*, une collaboration effective de Meryon. Cette eau-forte avait été exécutée par Mlle Niel, dans sa vingt-sixième année, en 1866 ; à cette époque, Meryon, on le sait, était dans la presque impossibilité de graver. Il ne put donc pas collaborer à cette pièce, bien qu'il eut conservé jusqu'à son internement définitif, des relations suivies avec J. Niel et sa fille, ainsi qu'en témoigne la dédicace qu'on va lire et qui figure au bas d'un rébus : *Non, Morny n'est pas mort, car il noce encore.* Cette dédicace, nous la transcrivons fidèlement : « A Mademoiselle G. N. Rébus. Peut y toucher à tous risques. Que l'on ! ? p. p. p... C. M. P. 25 août 1866. » Le dérangement cérébral de Meryon atteignait à ce moment à son paroxisme. Nous en avons, hélas ! d'autres témoignages aussi probants, comme cet extrait d'une lettre adressée au baron Pichon, le 16 août de la même année : « Mais d'un autre côté je me « vois en but à une opposition si persistante... que je doute « fort, malgré ma bonne volonté, que je puisse me maintenir « ici et j'en viens à songer en cette position presque désespérée, « à avoir recours à quelque dernier expédient, celui de partir « pour une lointaine colonie, ce qu'il y aurait peut-être de « plus sage à faire, vu ces préjugés, ces idées, essentiellement « fausses, anti-sociales et progressistes, qui règnent sur certains esprits... »

Un autre témoignage est encore à citer : « J'ai de très fortes « raisons pour penser, la certitude—écrivait Meryon à Wasset, « en marge d'une épreuve de l'*Ancien Louvre* qu'il lui offrait — « même, que cette épreuve, lors de l'encadrement, a été sou- « mise à quelqu'opération secrète, clandestine, quelque chose « comme un lavage à la potasse ; et c'est à ce point de vue « seulement qu'il peut y avoir intérêt à la conserver. Ce fait

« de la nature de ceux qu'on ne tient guère à soupçonner, « donnera une idée de ce que peuvent suggérer à ces gens, « pour qui tous les moyens sont bons pour arriver plus sûre- « ment à déconsidérer un artiste qui pour telle cause que ce « soit les inquiéte, la basse Envie, le vil Égoïsme et le Fana- « tisme aveugle de l'Esprit de parti. » Cette épreuve fut offerte par Meryon, le 27 août 1866,

Les deux dernières pièces dont nous allons rappeler l'existence ici, sont de simples et imparfaits essais de gravure en relief. A quelle époque de sa vie Meryon les exécuta-t-il ? — A ses débuts dans la gravure ? Nul document ne permet de préciser ce point d'ailleurs tout à fait secondaire. Il s'agit de *Projets de billets d'actions* d'une pseudo-compagnie Franco-Californienne. Ph. Burty ayant écrit dans son catalogue de l'œuvre gravé par Meryon les lignes suivantes : « Essai de « gravure en relief à l'aide de laquelle on aurait pu contrefaire « les billets de banque. » Meryon répliqua ainsi dans ses *Observations* : « D'après l'avertissement donné par l'auteur, « cette phrase placée entre guillements aurait été écrite par « moi, mais il y a une erreur, il n'en est rien. J'avais fait dans « le temps ces essais à l'occasion d'une planche qu'on m'avait « proposé de graver malignement, je l'ai compris depuis, « pour les billets d'actions d'une compagnie qui ne s'est pas « réalisée, en projet reliant certains intérêts entre la France « et la Californie. Sans ouvrage ni ressources connues à cette « époque, je m'étais vu dans l'obligation d'accepter. Comme « ce genre était loin de rentrer dans mes attributions ordi- « naires, l'ignorance où j'étais de la marche à suivre et des « procédés, me conseilla quelques essais ; c'est ainsi que « furent émises ces rares épreuves, suite de tâtonnements qui « restent tout à fait sans importance. »

Meryon, tout en faisant de l'estampe originale, est essentiellement graveur ; il fait la *taille*, a écrit très judicieusement M. Henri Beraldi. En effet, si Meryon est au premier chef un puissant évocateur qui en fait un être à part, dans le domaine si riche et si varié cependant de l'estampe, il doit en partie cette puissance d'évocation aussi bien à sa rare intuition et à sa science consommée qu'à son génie. Il n'y a point d'exemple dans tout son œuvre qu'il ait cherché par un subterfuge quelconque à masquer une pauvreté d'exécution, où à ajouter à l'effet par un faux-fuyant emprunté à l'impression. Sous ce dernier jour, Meryon s'est montré d'un rigorisme presque absolu, dont l'on retrouve la trace dans une de ses nombreuses lettres : « Les meilleures épreuves, a-t-il écrit, « celles qu'il faut consulter pour bien juger une gravure, sont « celles imprimées régulièrement, c'est-à-dire le mieux es- « suyées possible, les tailles restant bien pleines ; le travail « est alors bien apparent. Celles, au contraire, dans lesquelles « le noir, par sa répartition, concourt à l'effet, peuvent être « rejetées comme empruntant un moyen étranger. Lorsque je « commençai, je me laissais fréquemment tromper par ces « faux avis ; mais progressivement j'en suis arrivé à n'admettre « guère que les tirages réguliers, qui demandent d'ailleurs « plus d'habileté réelle de la part des imprimeurs. Il est des « cas cependant où ces épreuves séduisent à bon droit, mais « ce sont des exceptions que le seul mérite autorise, ou fait « excuser. En tous cas, ce genre ne convient pas à mes gra- « vures, d'une exécution trop simple et trop méthodique », conclut Meryon.

On ne saurait, en principe, désapprouver Meryon, sans toutefois pour cela tendre à un excès contraire, pour le moins aussi préjudiciable ; la sécheresse ou la maigreur d'impression. Une épreuve trop faiblement tirée trahit tout aussi bien le graveur que le « retroussage » exagéré. Sans chercher plus loin, nous trouverons dans l'œuvre même de Meryon, des exemples de cette trahison involontaire, de la part de l'imprimeur, en examinant des épreuves trop faiblement tirées du *Stryge*, de la *Morgue* et de la *Galerie Notre-Dame* notamment. Eh ! bien, ces épreuves tirées absolument « nature » pour employer l'expression technique, ne correspondent guère, il ne faut pas craindre de l'affirmer, au caractère si intense des œuvres de Meryon. Il est vrai que la majorité des épreuves auxquelles nous faisons allusion, ont été tirées soit sur des papiers de Chine contrecollés, qui se prêtent mieux à l'impression de la gravure au burin qu'à celle de l'eau-forte, soit encore avec des cuivres déjà usagés. Malgré tout, ces épreuves ne répondent pas complètement au but que l'impression leur assigne. La mesure s'impose en toutes circonstances. Ni trop, ni trop peu.

Pour peu qu'on envisage les eaux-fortes de Meryon au point de vue de leur exécution, on est frappé de la beauté de cette exécution où tout est étudié, raisonné, voulu, admirablement senti, merveilleusement rendu ; chaque taille, d'une puissance extraordinaire a sa raison d'être ; mieux encore : l'on ne saurait supprimer plusieurs d'entre elles sans compromettre aussitôt l'équilibre. Il n'en est pas non plus d'inutiles, nous entendons préciser par là, que Meryon, comme Millet, comme Corot, comme Jongkind, ne cherche nullement par des fioritures à rendre l'aspect d'une œuvre plus aimable. Le talent de Meryon est avant tout un talent austère, puissant, et c'est là son grand mérite et sa force. Il pousse en un mot jusqu'aux confins du possible, la signification d'un trait, son expressivité, et ce à un tel degré, que Meryon a rarement l'occasion de faire intervenir la contre-taille pour intensifier les effets. « L'exécu- « tion de Meryon est incomparable — a encore écrit M. H. Be- « raldi, dans ses *Graveurs du XIX*e *siècle.* Quelque chose sur- « tout est saisissant : la beauté, la fierté de ses lignes si fermes « et si décidées. Ces belles tailles droites, on raconte qu'il les « exécutait ainsi : la planche posée debout sur un chevalet, « la pointe tenue à bout de bras comme une épée et la main « retombant lentement, de bas en haut. »

Dans l'espace laissé par Meryon entre les tailles, la lumière joue jusque dans la pénombre la plus intense : aussi l'ombre chez Meryon, quelque soit la densité de l'effet cherché, n'est pour ainsi dire jamais opaque ; sa grande connaissance de la morsure le garde des traîtrises de l'acide ; de plus, à l'aide du burin qu'il a toujours su manier avec dextérité, il renforce les accents que l'eau-forte a insuffisamment établis, sans rien faire perdre de la transparence, de la chaleur des travaux antérieurs. Dans des pages saisissantes comme celles composant l'album des vues de Paris, on peut juger du style vigoureux de Meryon, de la très rare qualité de lumière qui y est répandue, distribuée, qu'il s'agisse d'éclairages à jour frisant ou à contre-jour, ou même de cette lumière un peu mystérieuse qui prête à la fois tant de charme et tant de personnalité à ses œuvres capitales.

A l'aide de quelques-unes des planches de Meryon, il est facile de suivre sa méthode de graver, de connaître également par quelles étapes passe une gravure avant d'atteindre à son plein achèvement.

Meryon a parfois exécuté ses planches « partiellement » comme le *Stryge*, le *Pont-au-Change*, comme le *Pont-Neuf*, où le premier état ne comporte ni le ciel, ni les maisons de la rue Dauphine, comme l'*Abside de Notre-Dame*, où dans les premières épreuves une partie de la cathédrale elle-même, les bâtiments de l'Hôtel-Dieu, les maisons bordant le quai, enfin le ciel sont restés complètement blancs, sans la moindre mise en place, même sommaire, alors que toutes les autres parties de l'œuvre sont déjà amenées à peu près à leur état définitif de gravure.

Dans d'autres circonstances, au contraire, Meryon a gravé ses planches « d'ensemble ». C'est le cas du *Petit Pont*, de la *Tourelle de la rue de la Tixéranderie*.

Plusieurs expositions de l'œuvre gravé de Meryon ont déjà eu lieu : deux à Londres, en 1879, puis en 1902, une à New-York en 1898 ; mais, aussi surprenant que le fait puisse paraître, une seule à Paris, tout récemment !

Il fut, certes, plus d'une fois question d'organiser une exposition, notamment à la date du 23 novembre 1921, qui marqua l'anniversaire du centenaire de la naissance de Charles Meryon. Le Musée du Luxembourg, auquel avait été courtoisement laissé le soin de célébrer ce centenaire par l'organisation d'une exposition de l'œuvre gravé et dessiné de Ch. Meryon, n'ayant pu réaliser ce projet, l'anniversaire de Meryon ne fut pas fêté.

Un souhait, en terminant, que le nom de Ch. Meryon soit donné à une rue de Paris.

NOTE BIBLIOGRAPHIQUE

PHILIPPE BURTY.	*Charles Meryon (Gazette des Beaux-Arts,* juin-juillet 1863).
PH. BURTY — MARCUS B. HUISH.	*Charles Meryon, sailor, engraver and etcher.* Londres, 1879.
FREDERICK WEDMORE.	*Meryon and Meryon's Paris.* Londres, 1879.
REVEREND J. J. HEYWOOD.	*A Descriptiv catalogue of a collection of drawings, and etchings by Ch. Meryon, formed by Rev. J. J. Heywood.* Londres, 1880.
AGLAUS BOUVENNE.	*Notes et souvenirs sur Ch. Meryon et son tombeau au cimetière de Charenton.* Paris, Charavay, 1883.
FREDERICK WEDMORE.	*Meryon and Meryon's Paris.* Londres, 1882 (2e édition).
HERNI BERALDI.	*Charles Meryon (Les Graveurs du XIXe siècle.* Tome X, 1890.)
R. GUTEKUNST.	*A catalogue of etchings and drawings by Meryon.* Londres, mai 1898.
F. SEYMOUR HADEN.	*Catalogue of his etchings and driwings owned by Seymour-Haden.* New-York, 1901.
FR. WEDMORE.	*Charles Meryon (Le Connaisseur,* 1902).

GUSTAVE BOURCARD. *Charles Meryon. (A travers cinq siècles de gravures).* Paris, G. Rapilly, 1903.

HUGH STOKS. *Etchings of Ch. Meryon.* Londres, G. Newnes, 1906.

LOYS DELTEIL. *Charles Meryon (Le Peintre-Graveur Illustré,* tome II). Paris, 1906.

HENRY FOCILLON. *Charles Meryon. (L'Art et les Artistes,* octobre 1907).

MAX LEHRS. *Charles Meryon (Amtliche Bericht a. d. kgl preussischen Kuntsammlungen).*

LÉONCE BÉNÉDITE. *Charles Meryon. (Gazette des Beaux-Arts,* 1910.)

RAYMOND BOUYER. *Un portraitiste oublié d'un Paris disparu : Charles Meryon. (La Revue Bleue,* 1910.)

ÉMILE DACIER. *Charles Meryon (Revue de l'Art ancien et moderne,* 1913).

PIERRE GUSMAN. *Histoire d'une planche de Meryon, fonds de la Chalcographie du Louvre (Byblis,* 1re année, nº 4).

LOYS DELTEIL et HAROLD J. L. WRIGHT. *Catalogue raisonné of the etchings of Charles Meryon* — New-York, W. P. Truesdell, 1924. (Texte en anglais).

GUSTAVE GEFFROY. *Charles Meryon.* Paris, H. Floury, 1926.

TABLE DES PLANCHES [1]

1. Toutes les photographies des œuvres reproduites dans ce volume proviennent des Archives Photographiques d'Art et d'Histoire.

PL. I. LE VAISSEAU FANTOME.
THE SHADOW SHIP.
DER FLIEGENDE HOLLÄNDER
LA NAVE FANTASMA.
EL NAVIO FANTASMA.

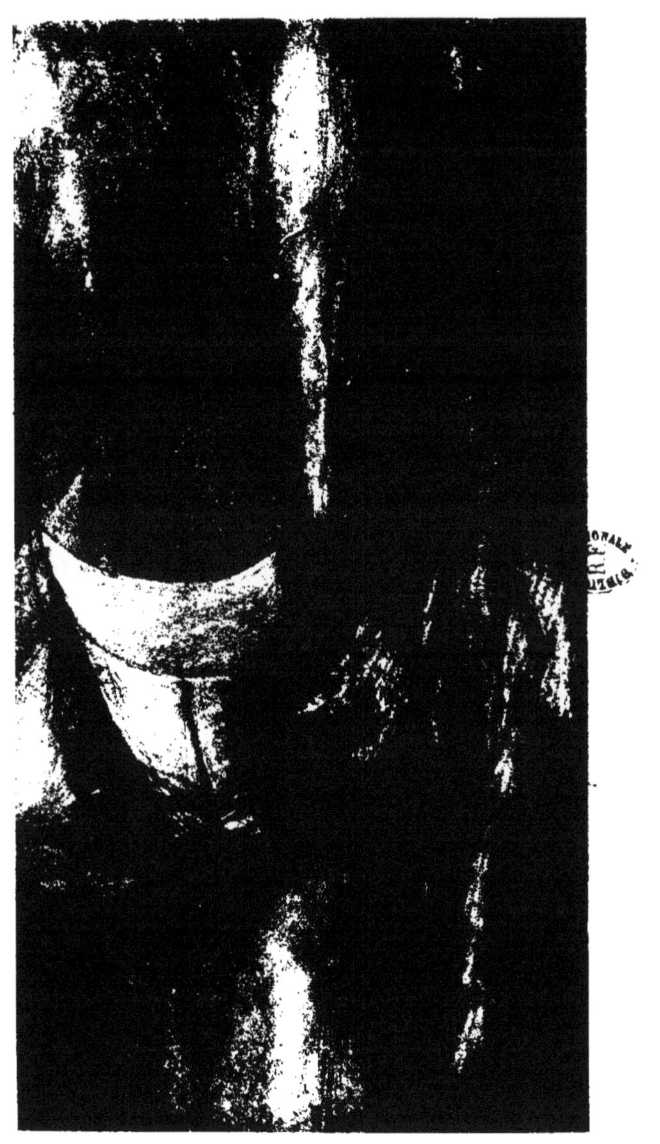

PL. 2.ᵉ MARCHÉ DE SAINTE-BARBARA.
SAINT-BARBARA MARKET.
MARKT IN ST-BARBARA.
MERCATO DI SANTE-BARBARA.
MERCADO DE « SAINTE-BARBARA »

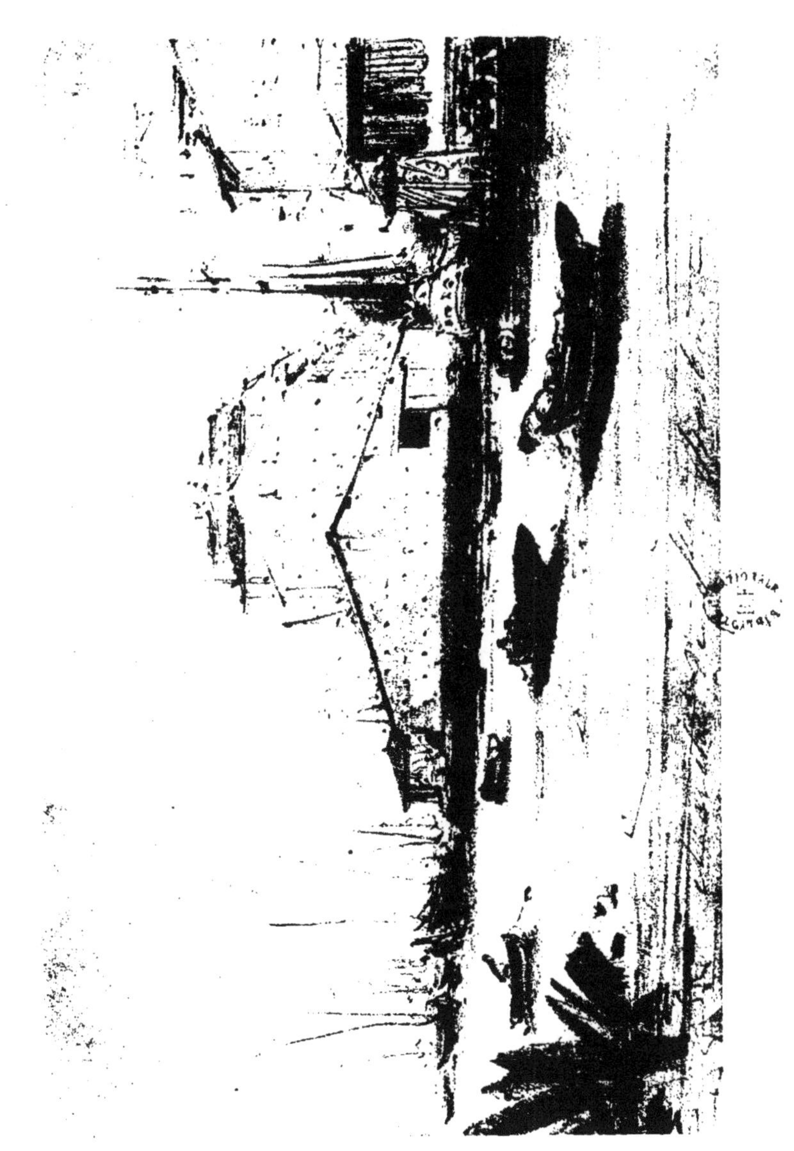

PL. 3. MARCHÉ DE SAINTE-BARBARA.
SAINT-BARBARA MARKET.
MARKT IN ST-BARBARA.
MERCATO DI SANTE-BARBARA.
MERCADO DE « SAINTE-BARBARA ».

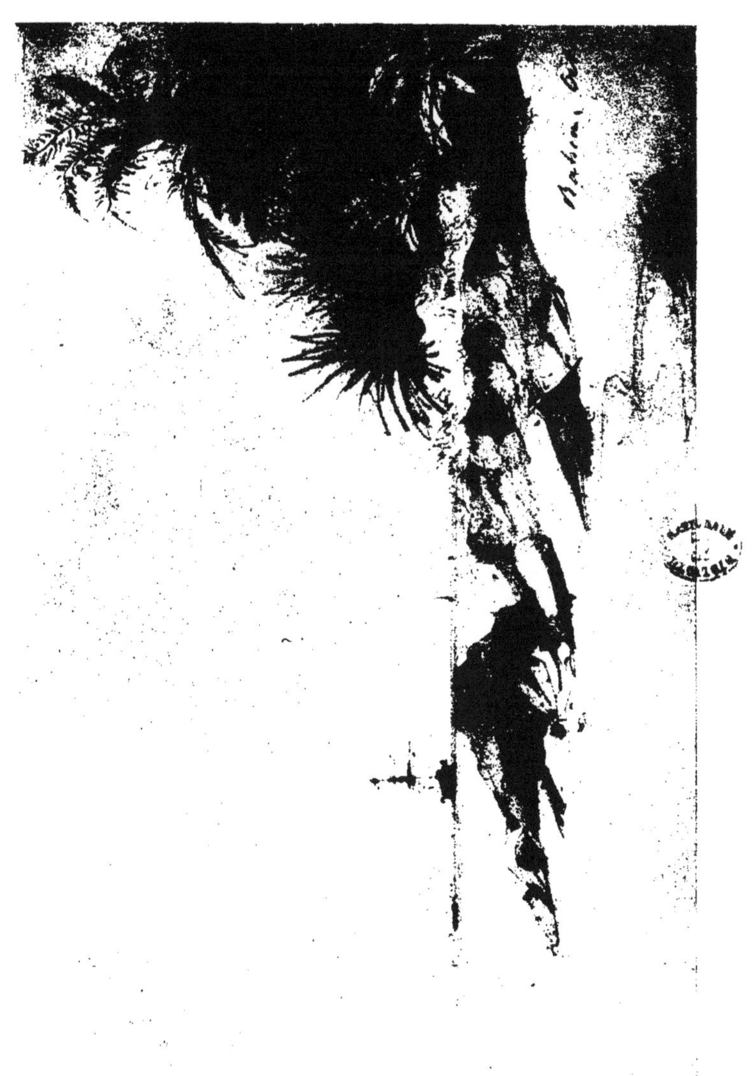

PL. 4. ABSIDE NOTRE-DAME.
NOTRE-DAME CATHEDRAL : THE APSE.
APSIS VON NOTRE-DAME.
SANTUARIO DEL DUOMO.
LA ABSIDA DE NOTRE-DAME.

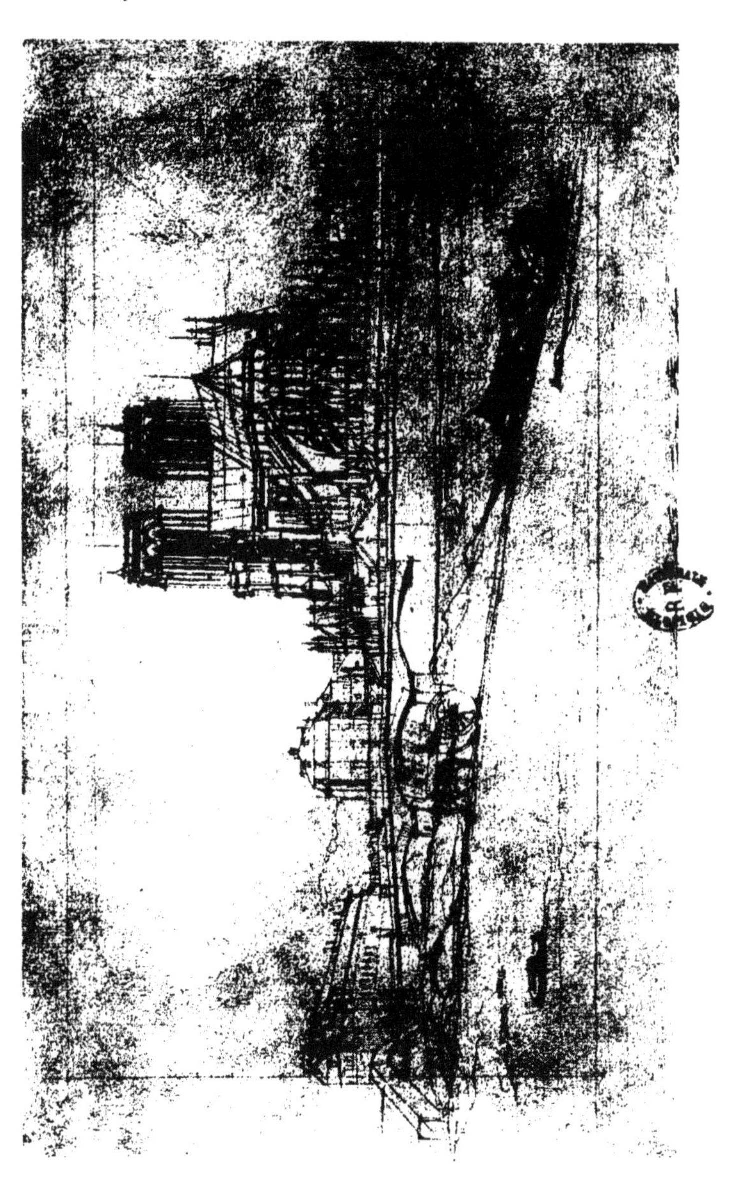

PL. 5. GALERIE DE NOTRE-DAME.
NOTRE-DAME CATHEDRAL : THE GALLERY.
GALERIE IN NOTRE-DAME.
LOGGIA DEL DUOMO.
GALERIA EN NOTRE-DAME.

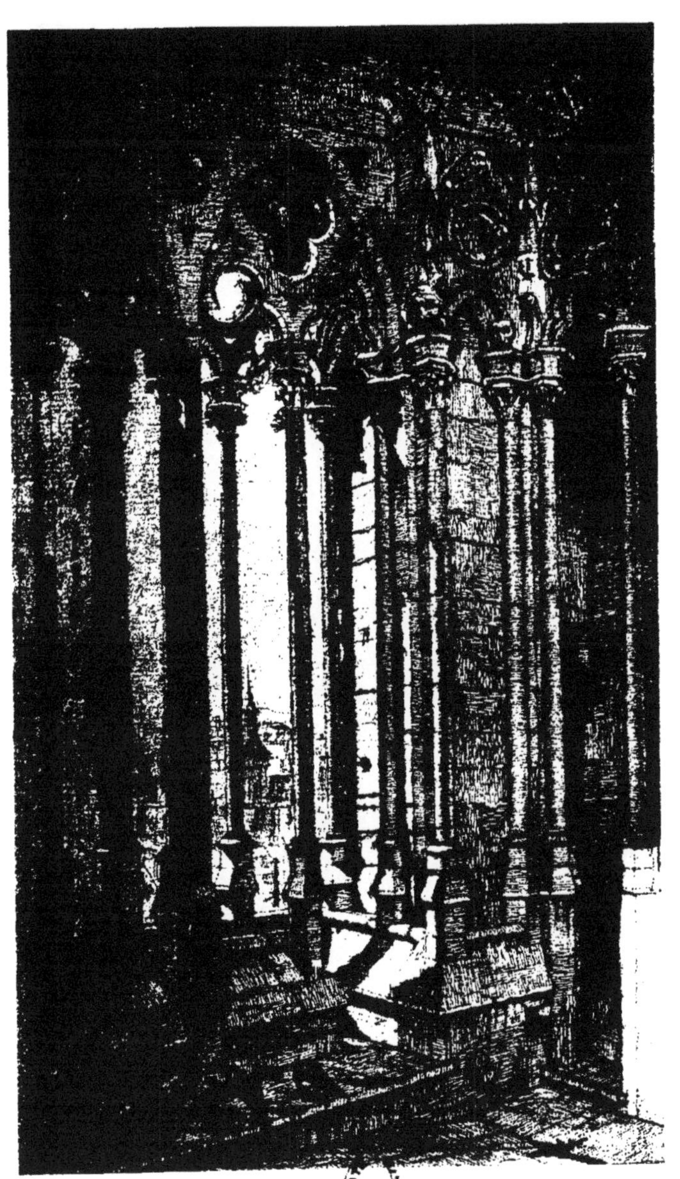

PL. 6. POMPE NOTRE-DAME.
NOTRE-DAME PUMP.
BRUNNEN BEI NOTRE-DAME.
POMPA DEL DUOMO.
LA BOMBA DE NOTRE DAME.

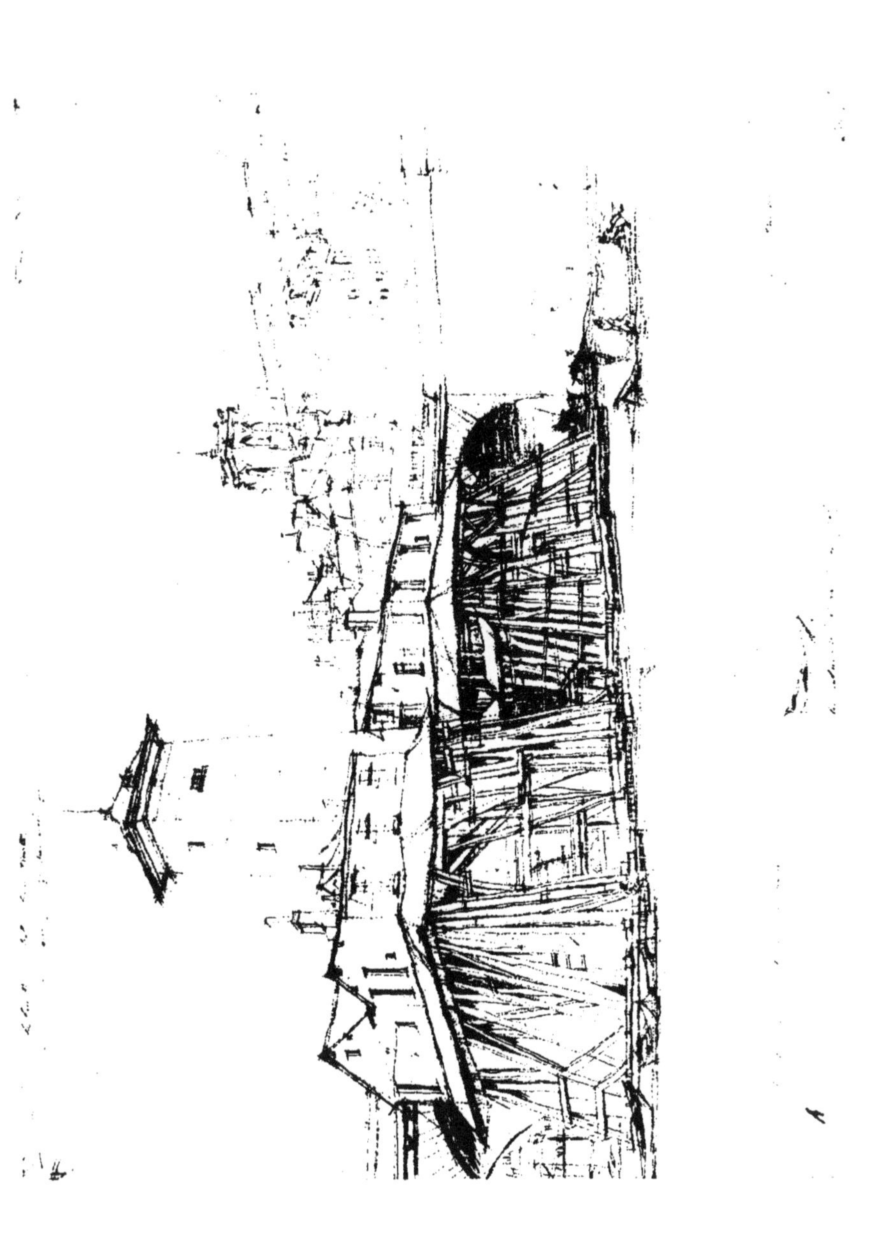

PL. 7. TOURELLE DE MARAT.
MARAT TURRET.
MARAT'S ERKERTURM.
TORRETTO DI MARAT.
TORRECILLA DE MARAT.

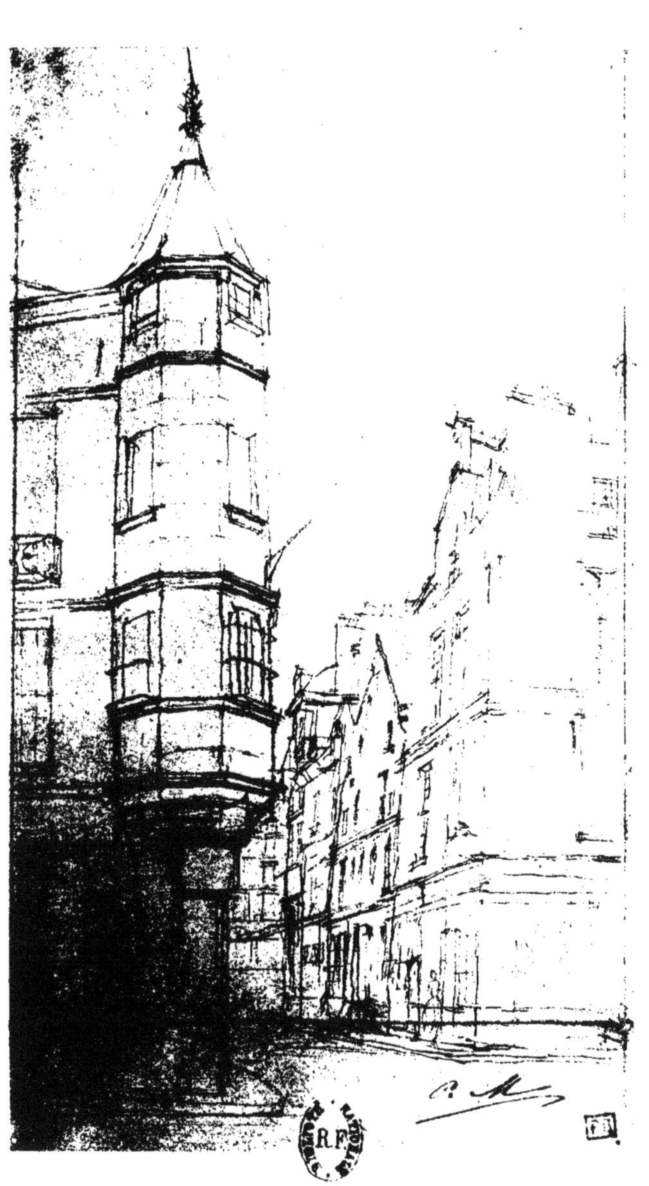

PL. 8. HOTEL JACQUES CŒUR A BOURGES.
JACQUES CŒUR MANSION AT BOURGES.
HAUS DES JACQUES CŒUR IN BOURGES.
PALAZZO DEL JACQUES CŒUR A BOURGES.
PALACIO JACQUES CŒUR EN BOURGES.

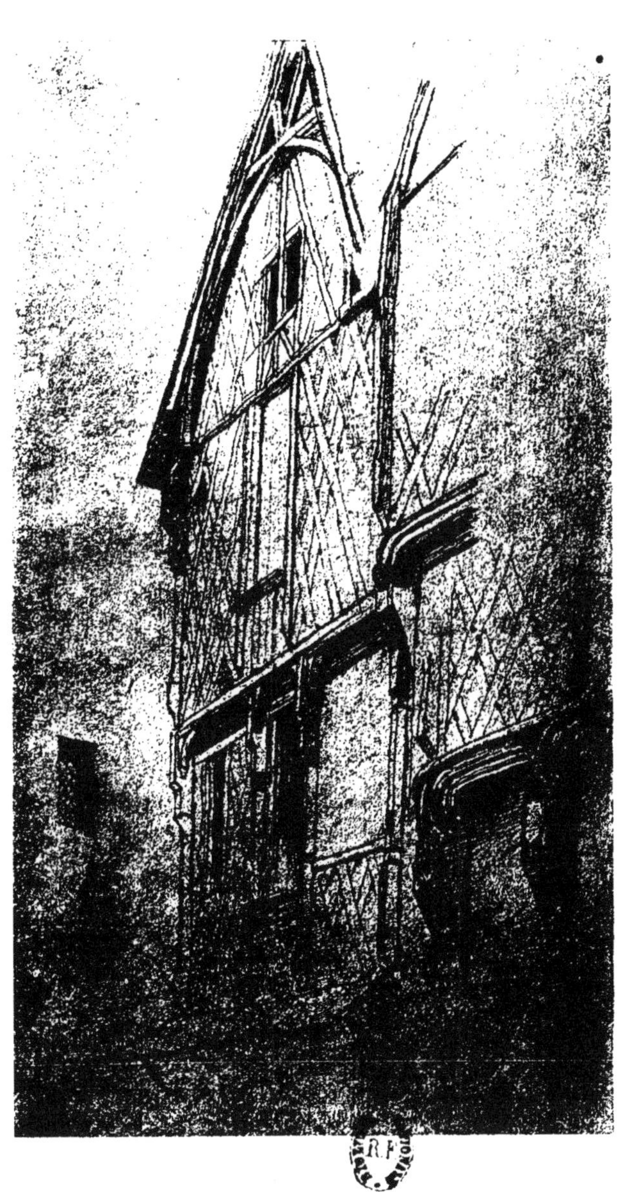

PL. 9. LA MAISON A LA VIGNE A BOURGES,
THE HOUSE WITH THE VINE AT BOURGES.
DAS REBENHAUS IN BOURGES.
LA CASA COLLA VITE A BOURGES.
LA CASA DE LA VINA EN BOURGES.

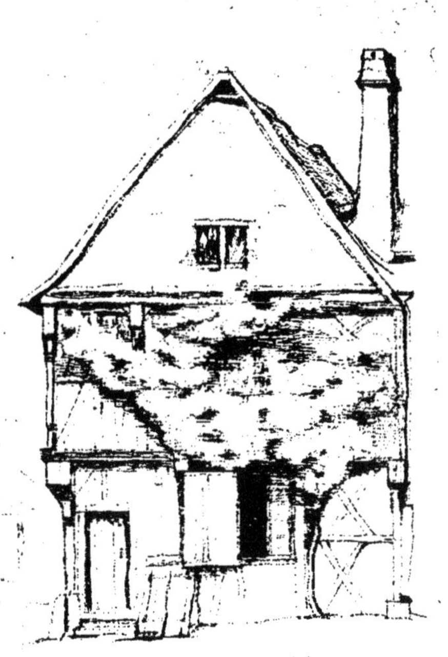

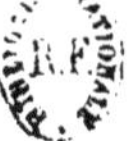

PL. 10. LE GRAND CHATELET.
GREATER CHATELET.
DER GROSSE CHATELET.
IL GRANDE CASTELLETTO.
EL GRAN CHATELET.

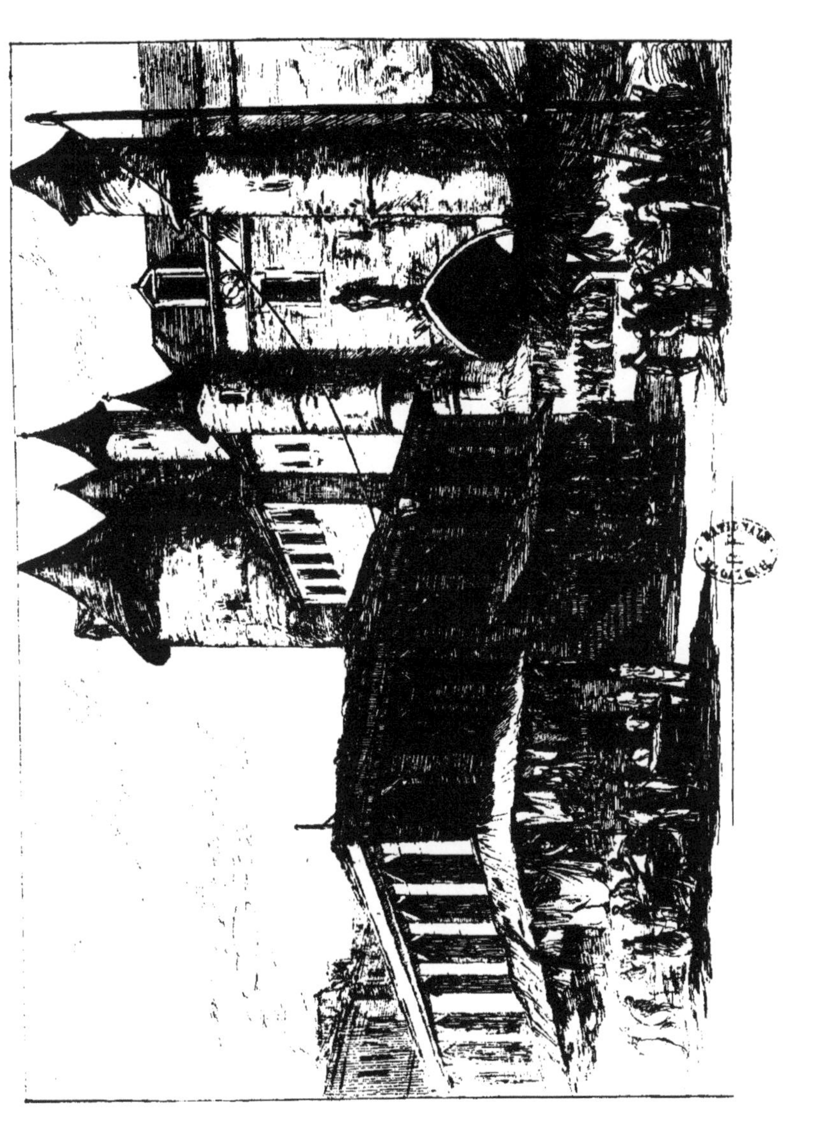

PL. II. PETITE COLONIE FRANÇAISE D'AKAROA.
LITTLE FRENCH SETTLEMENT AT AKAROA.
KLEINE FANZÖSISCHE NIEDERLASSUNG IN AKAROA.
PICCOLA COLONIA FRANCESE DI AKAROA.
PEQUENA COLONIA FRANCEZA EN AKAROA.

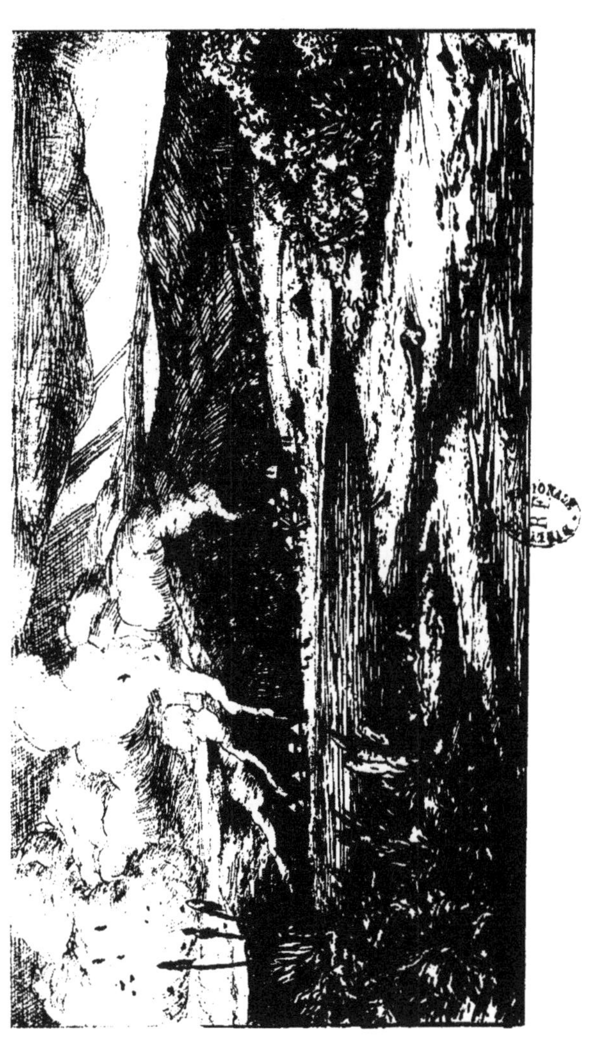

PL. 12. ENTRÉE DU COUVENT DES CAPUCINS A ATHÈNES
ENTRANCE TO THE CAPUCHINS CONVENT, ATHENS.
EINGANG DES KAPUZINERSKLOSTERS IN ATHEN.
INGRESSO DEL CONVENTO DEI CAPPUCCINI AD ATENE.
ENTRADA DEL CONVENTO DE LOS CAPUCHINOS EN ATENAS

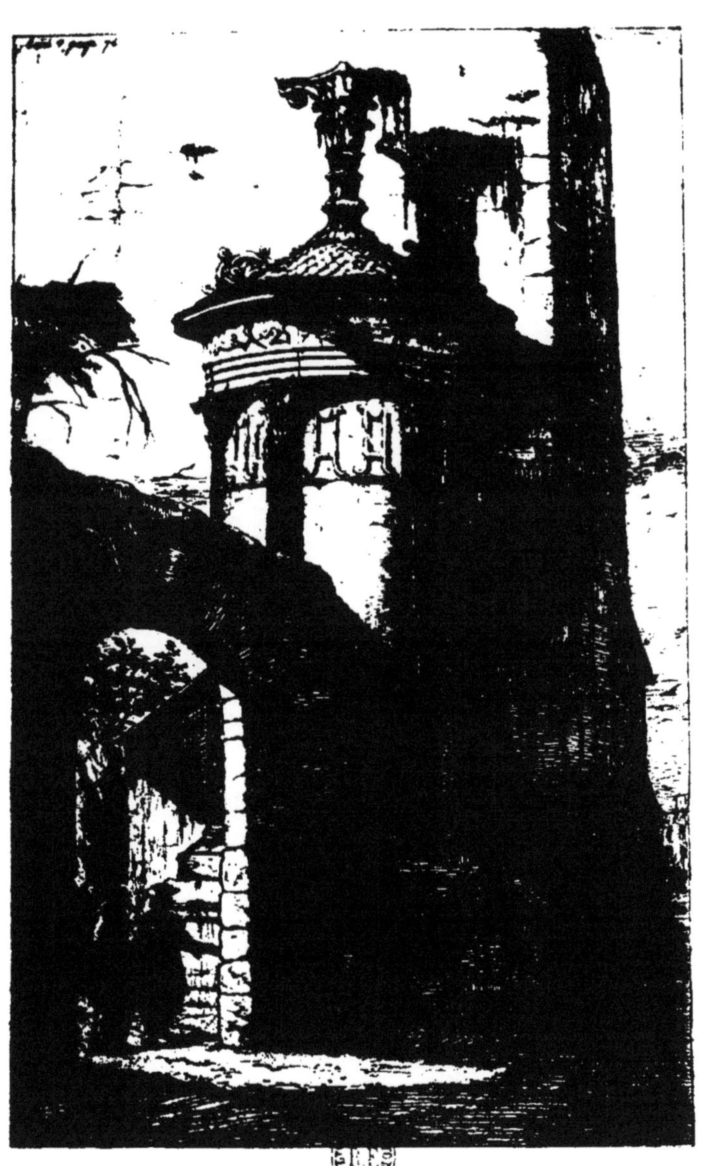

PL. 13. LE STRYGE.
THE VAMPIRE.
VAMPIR.
IL STRIGE
EL VAMPIRO

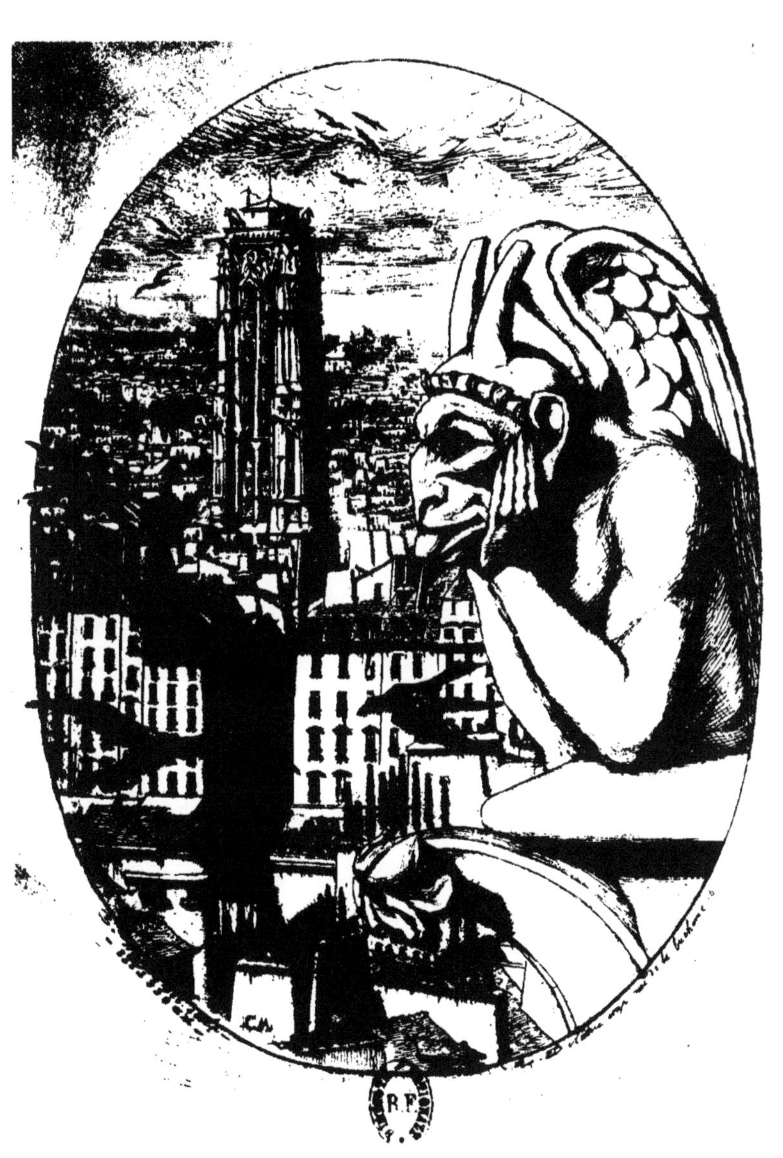

PL. 14. LE « PETIT PONT ».

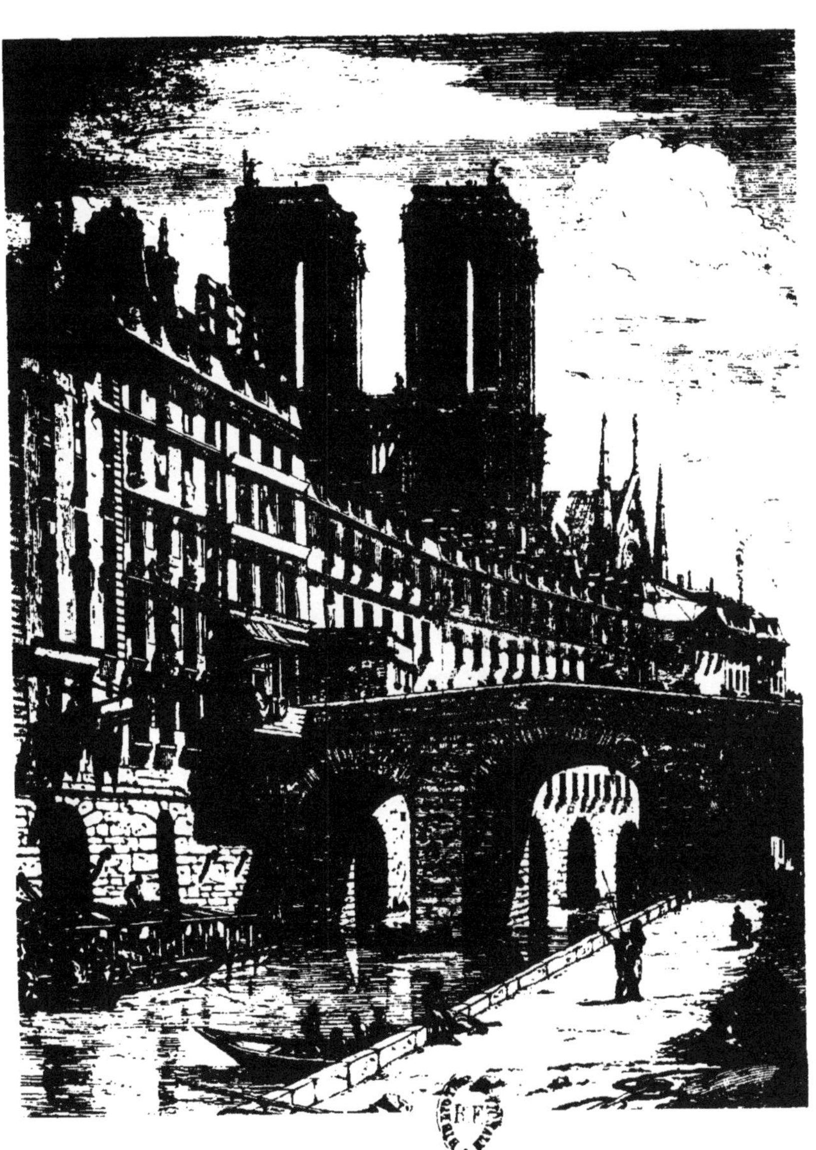

PL. 15. L'ARCHE DU PONT NOTRE-DAME.
NOTRE-DAME BRIDGE : THE ARCH.
BOGEN DES NOTRE-DAME BRÜCKE.
L'ARCO DEL PONTE DEL DUOMO.
LA ARCADA DEL PUENTE NOTRE-DAME

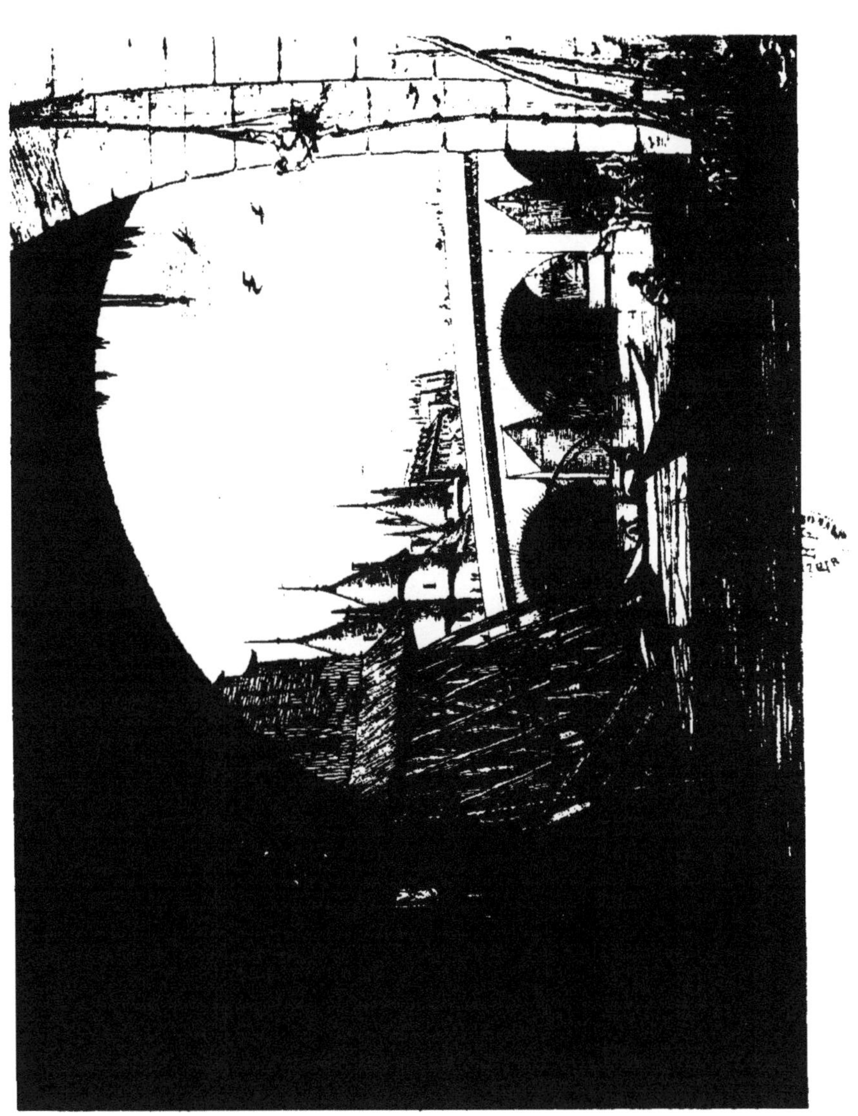

PL. 16. LA GALERIE NOTRE-DAME.
NOTRE-DAME CATHEDRAL : THE GALLERY.
DIE GALERIE IN NOTRE-DAME.
LA LOGGIA DEL DUOMO.
LA GALERIA DE NOTRE-DAME.

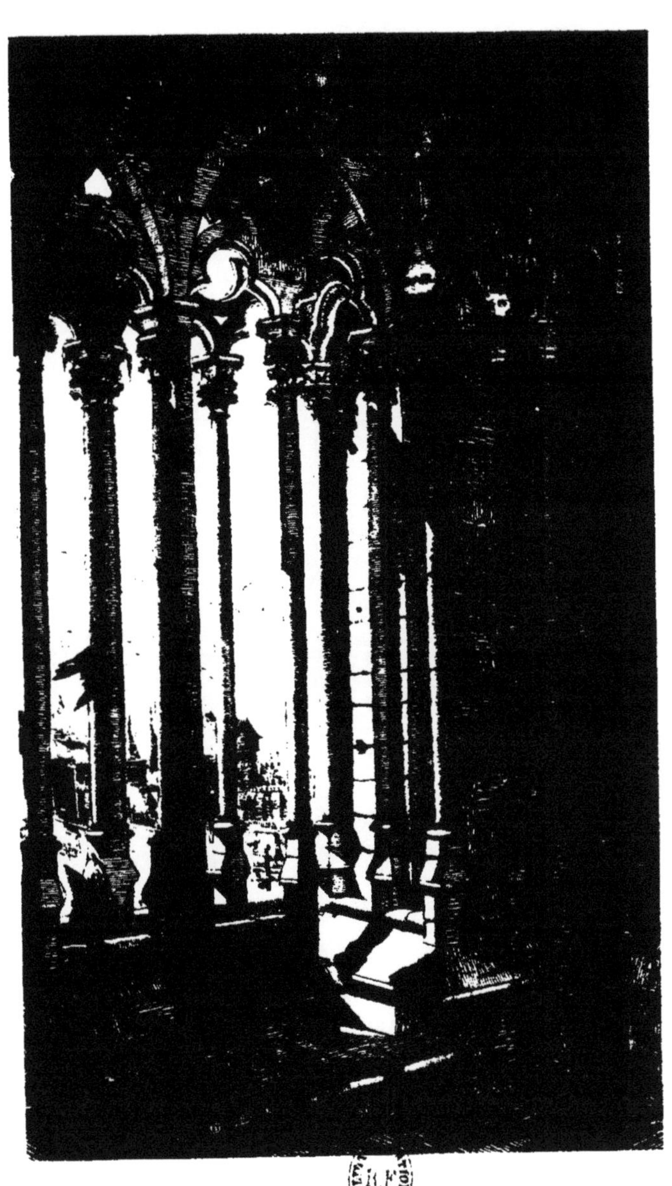

PL. 17. LA RUE DES MAUVAIS GARÇONS.
BAD BOYS STREET.
DIE MAUVAIS-GARÇONSSGASSE.
LA STRADI DEI CATTIVI-RAGAZZI.
LA RUA DE LOS « MAUVAIS-GARÇONS ».

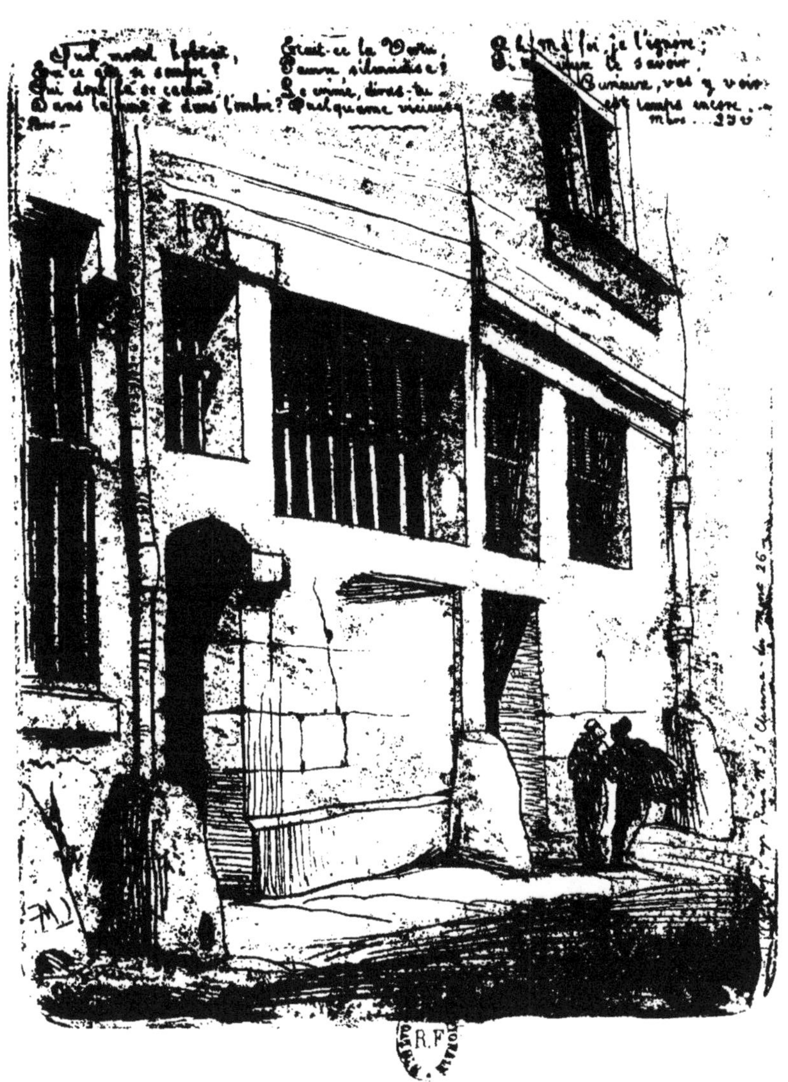
Était-ce la Vertu
je l'ignore;
savoir
Le crime, diras-tu
Curieux, vas y voir
est temps encore
12

PL. 18. LA TOUR DE L'HORLOGE.
THE CLOCK TOWER.
DER UHRTURM DES JUSTIZPALASTES.
LA TORRE DEL L'OROLOGIO
LA TORRE DEL GRAN RELOJ.

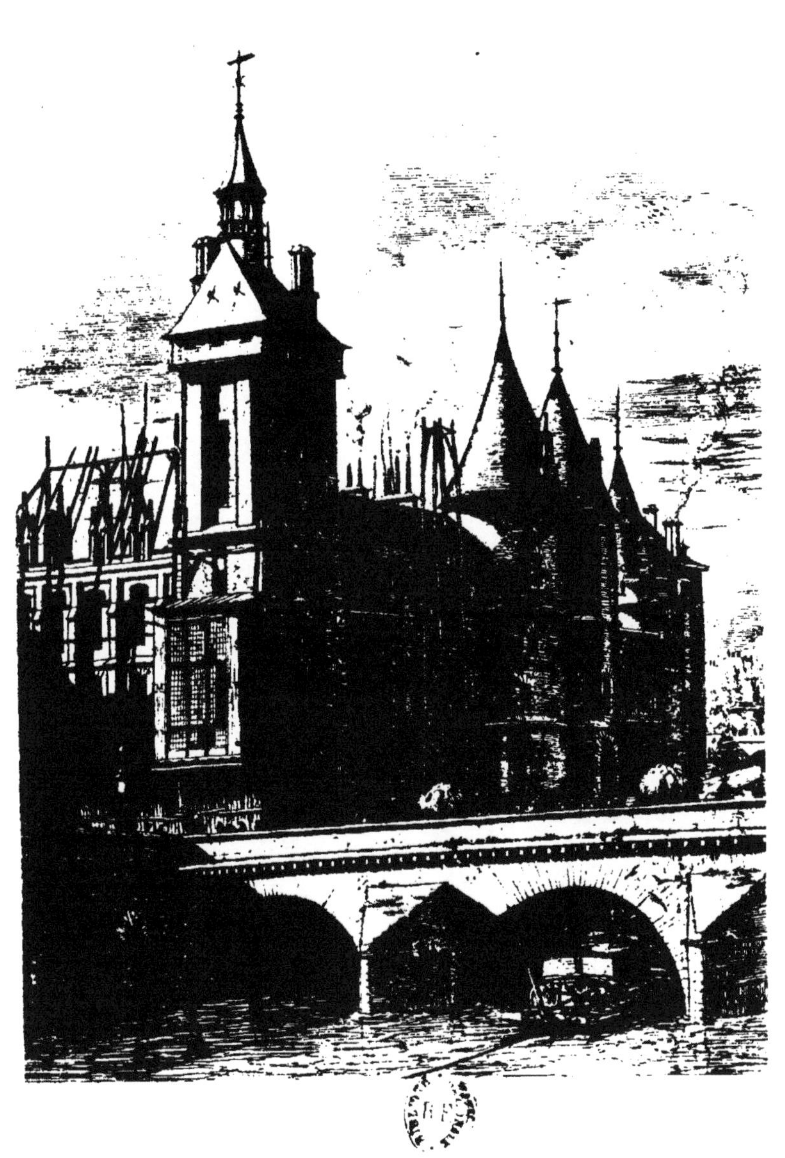

PL. 19. LA TOURELLE DE LA RUE DE LA TIXÉRANDERIE.
TIXÉRANDERIE STREET : THE TURRET.
DAS ERKERTÜRMCHEN DER TIXÉRANDERIEGASSE.
IL TORRELTO DELLA STRADA DELLA TIXÉRANDERIE.
TORRECILLA EN LA RUA DE TIXÉRANDERIE.

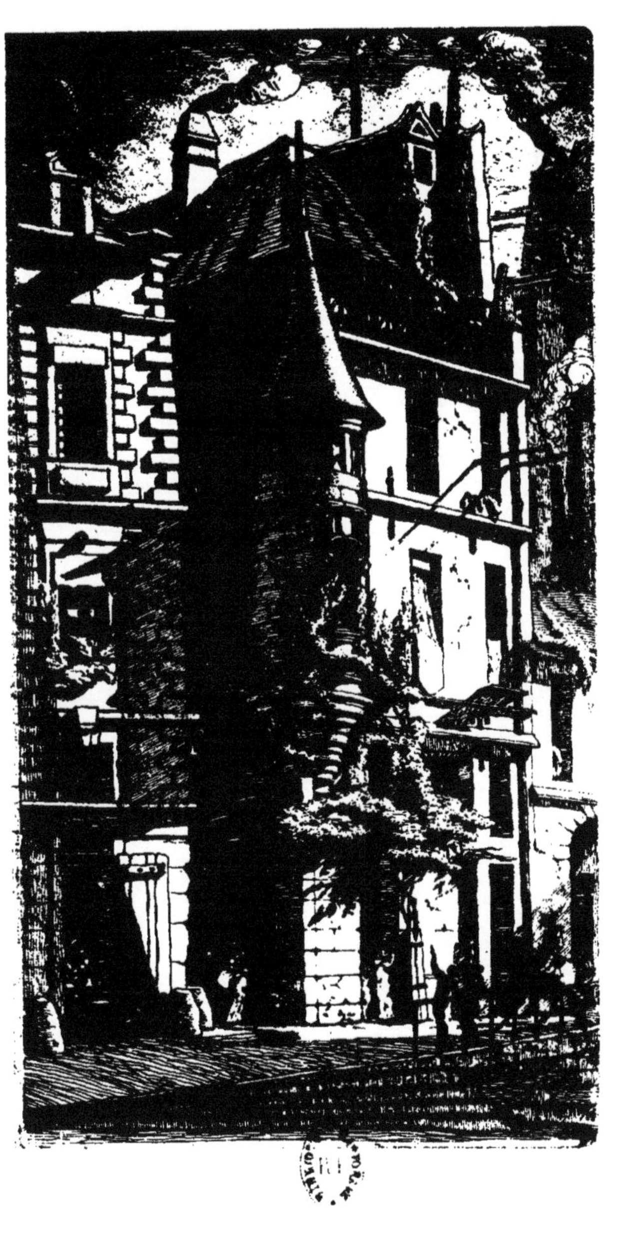

PL. 20. SAINT-ÉTIENNE DU MONT.

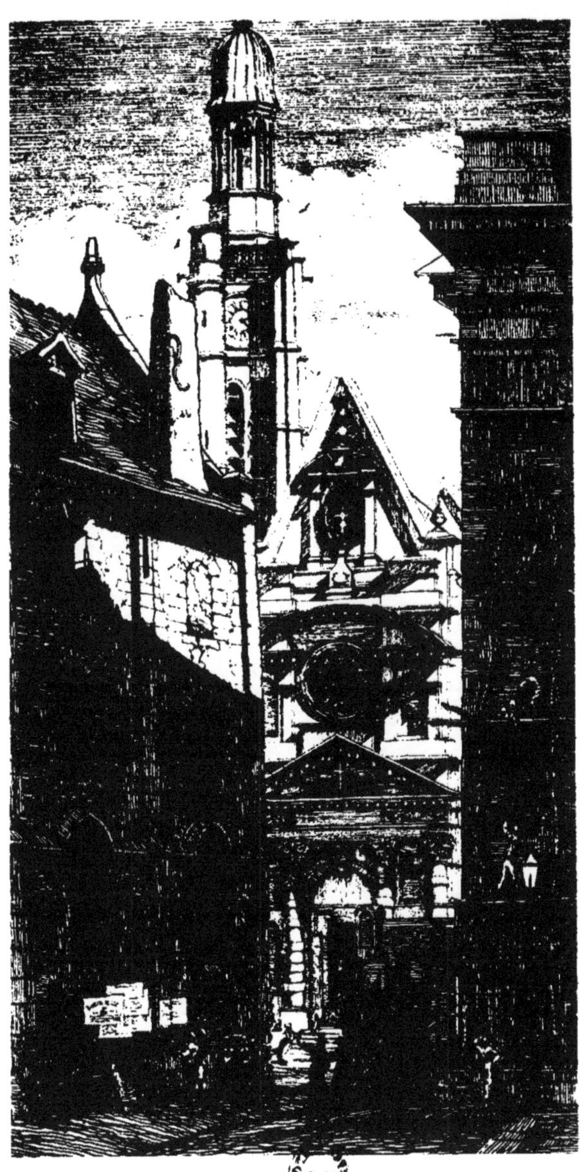

PL. 21. LA POMPE NOTRE-DAME.
NOTRE-DAME PUMP.
DER BRUNNEN BEI NOTRE-DAME.
LA POMPA DEL DUOMO.
LA BOMBA DE NOTRE-DAME.

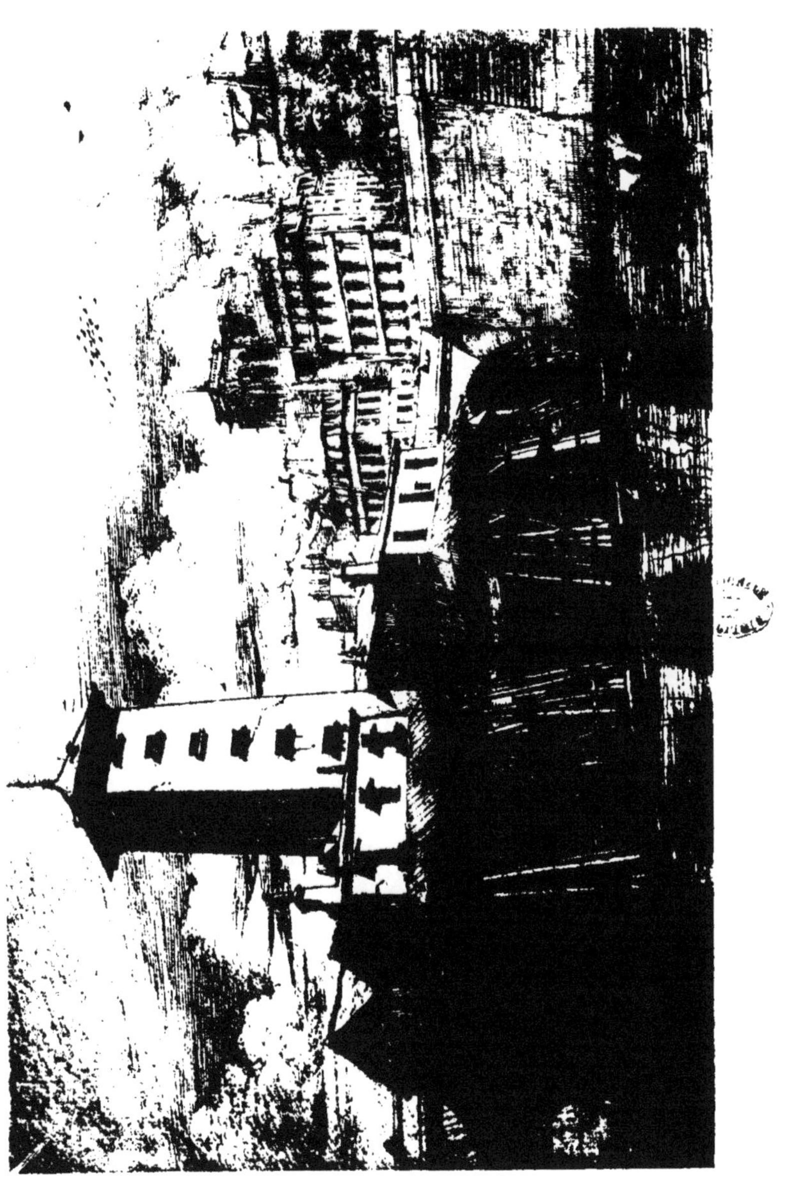

PL. 22. LE « PONT-NEUF ».

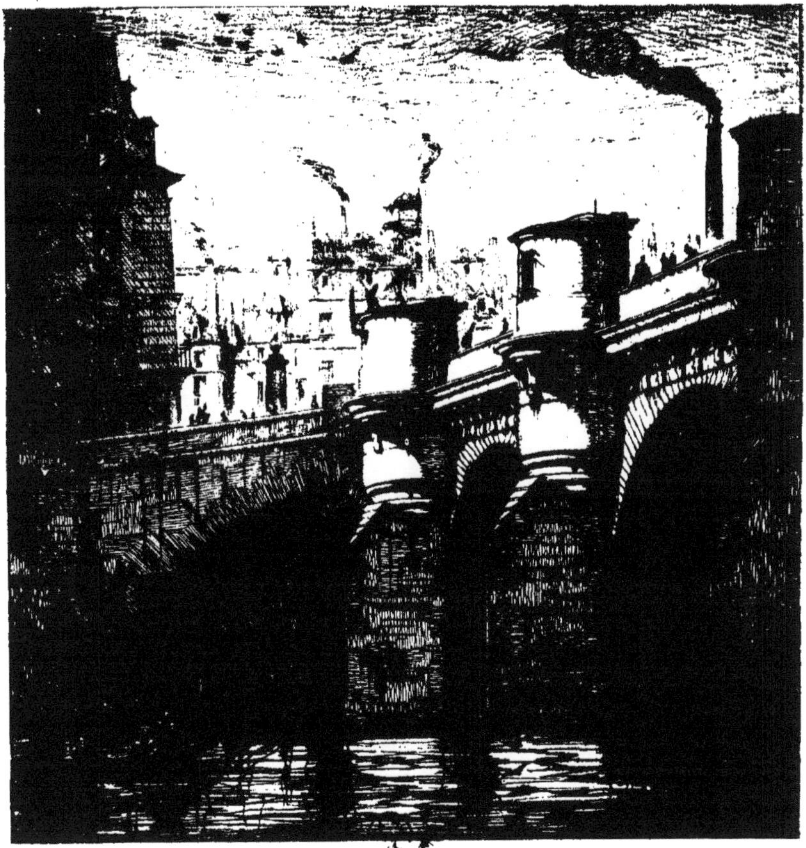

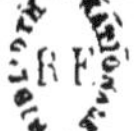

PL. 23. LE « PONT AU CHANGE ».

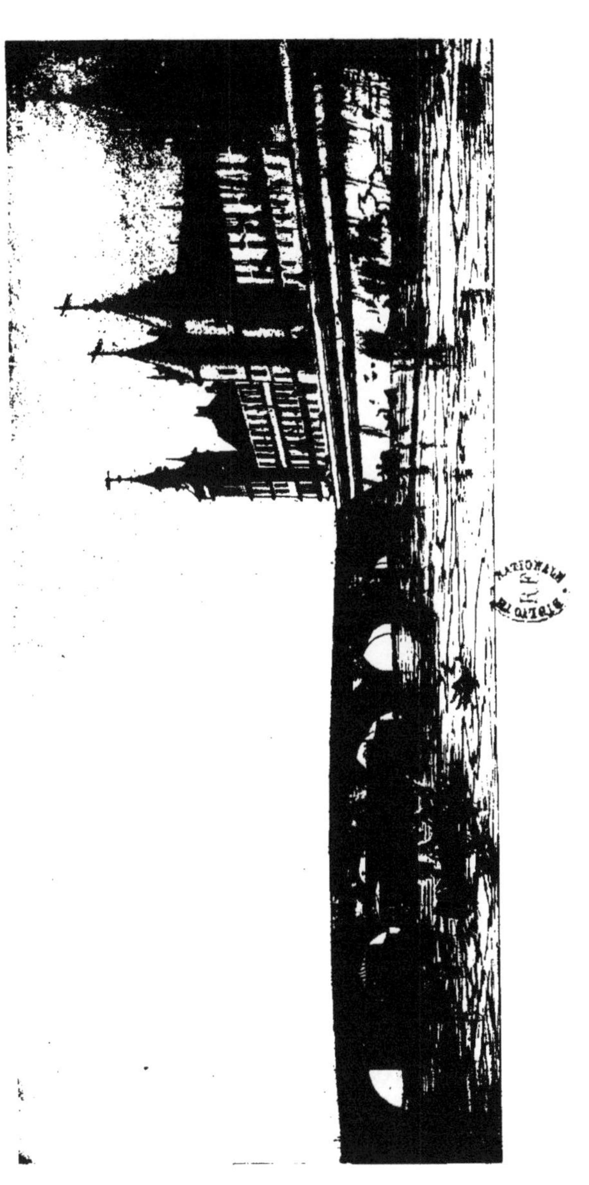

PL. 24. LE PONT AU CHANGE (Avec le ballon).
PONT AU CHANGE (with the balloon).
DER PONT AU CHANGE (mit dem Luftballon).
IL PONTE « AU CHANGE » (Coll'aerostato).
EL PONT-AU-CHANGE (Con el balon).

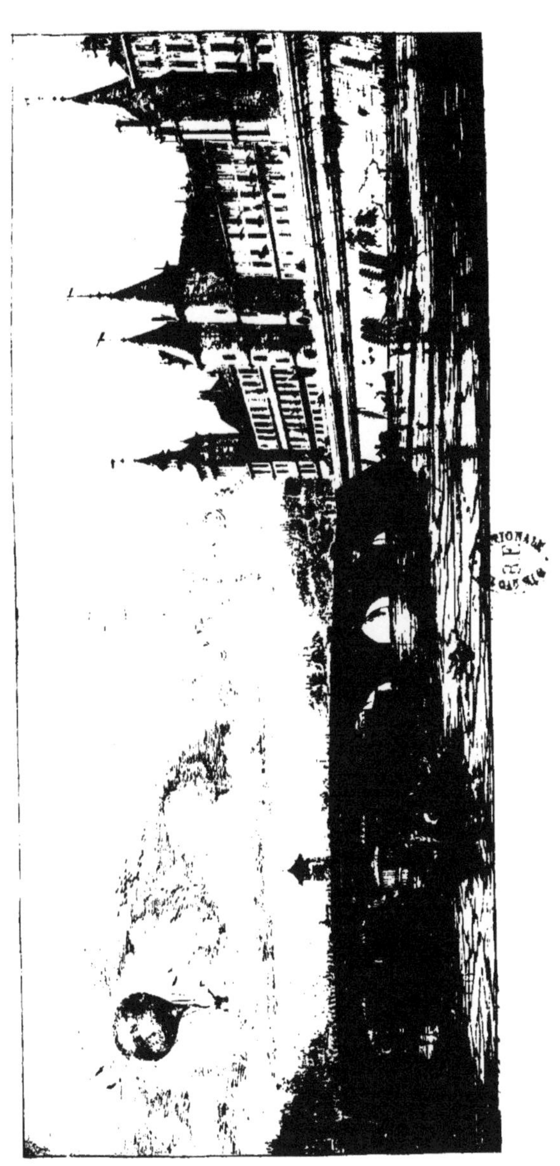

PL. 25. LA MORGUE.
THE DEAD-HOUSE.
DIE MORGUE.
IL RICETTACOLO DEI CADAVERI.
EL DEPOSITO DE CADAVEROS.

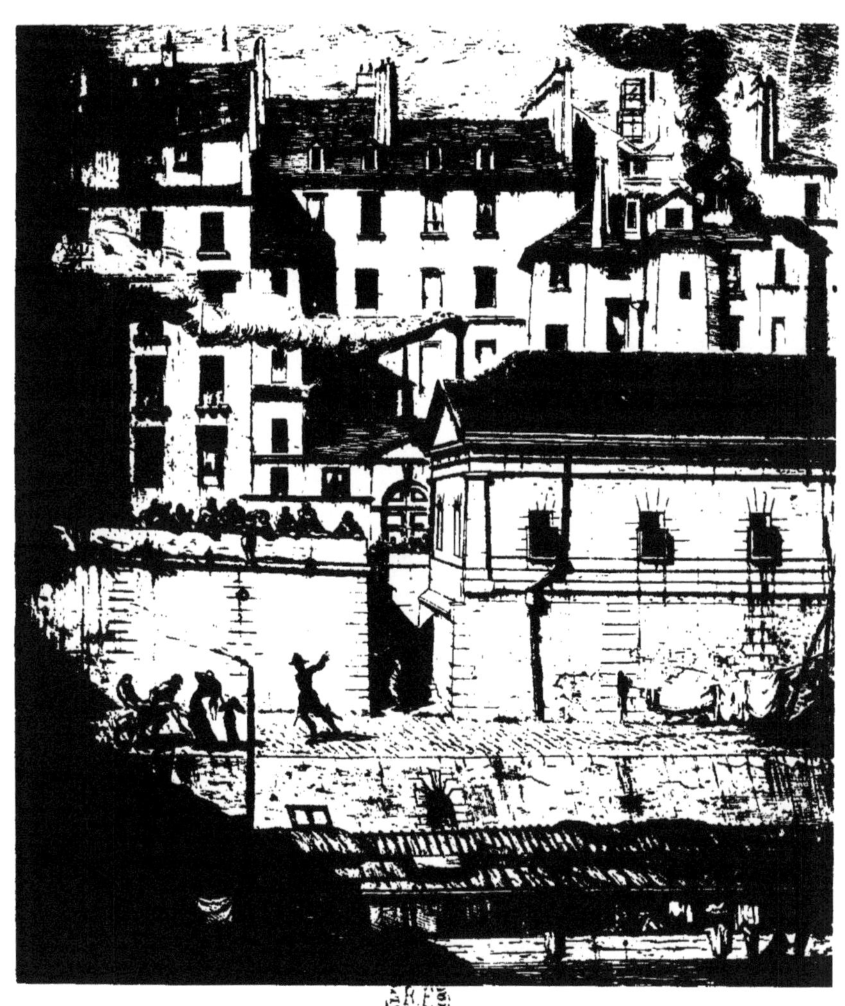

PL. 26. L'ABSIDE NOTRE-DAME.
NOTRE-DAME CATHEDRAL : THE APSE.
DIE APSIS VON NOTRE-DAME.
SANTUARIO DEL DUOMO.
LA ABSIDA DE NOTRE-DAME.

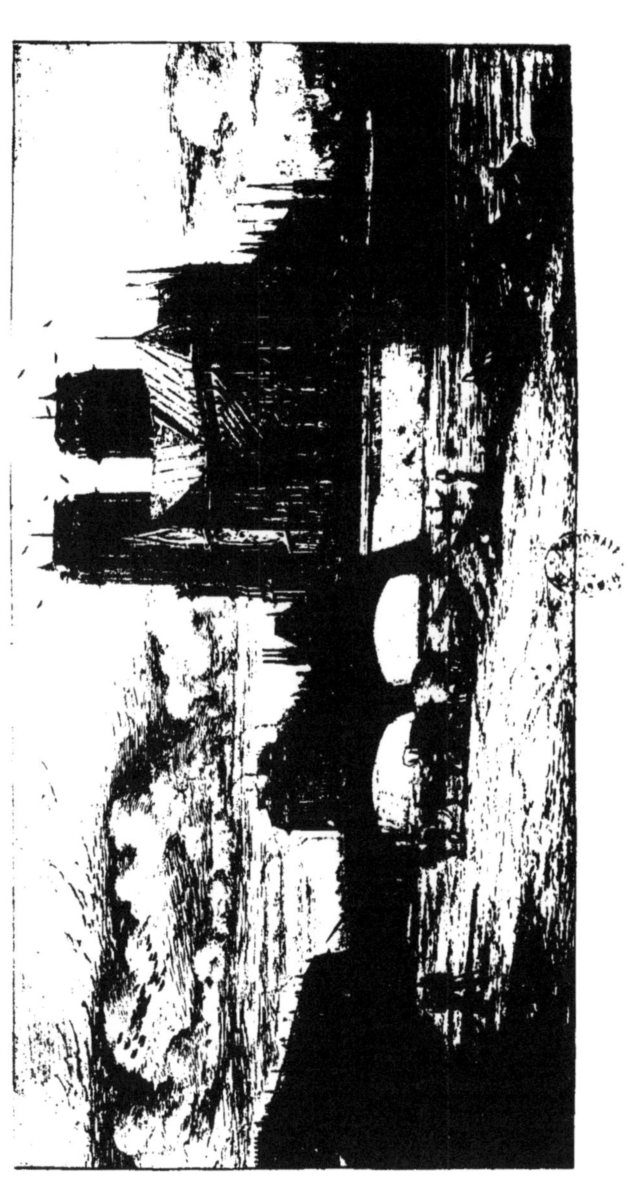

PL. 27. TOURELLE DE LA RUE DE L'ÉCOLE DE MÉDECINE.
ÉCOLE DE MÉDECINE STREET : THE TURRET.
ERKERTURM IN DER ECOLE DE MÉDECINE GASSE.
TORRETTO DELLA STRADA DELLA SCUOLA DI MEDICINA.
TORRECILLA EN LA RUA DE LA ESCUELA DE MODECINA.

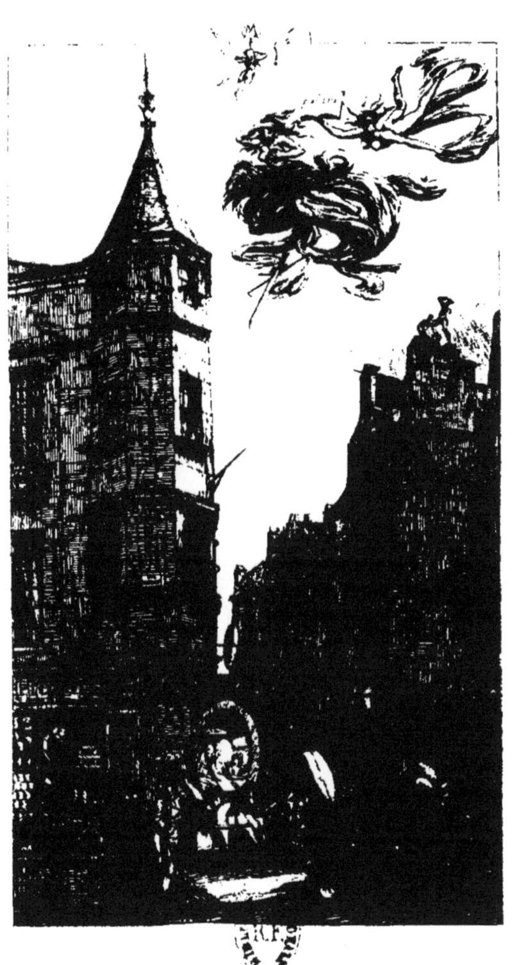

PL. 28. RUE DES CHANTRES.
CHANTRES' STREET.
DIE RUE DES CHANTRES.
STRADA DEI CANTORI.
RUA DE LOS « CHANTRES ».

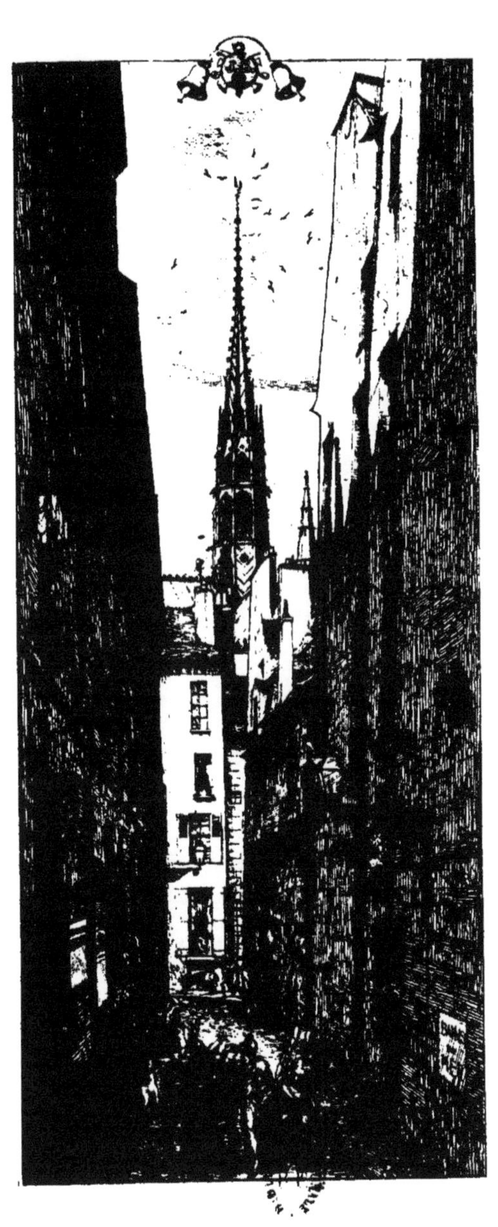

PL. 29. COLLÈGE HENRI IV.
HENRI IV COLLEGE.
GYMNASIUM HENRI IV.
COLLEGIO ENRICO IV.
COLLEGIO HENRI IV.

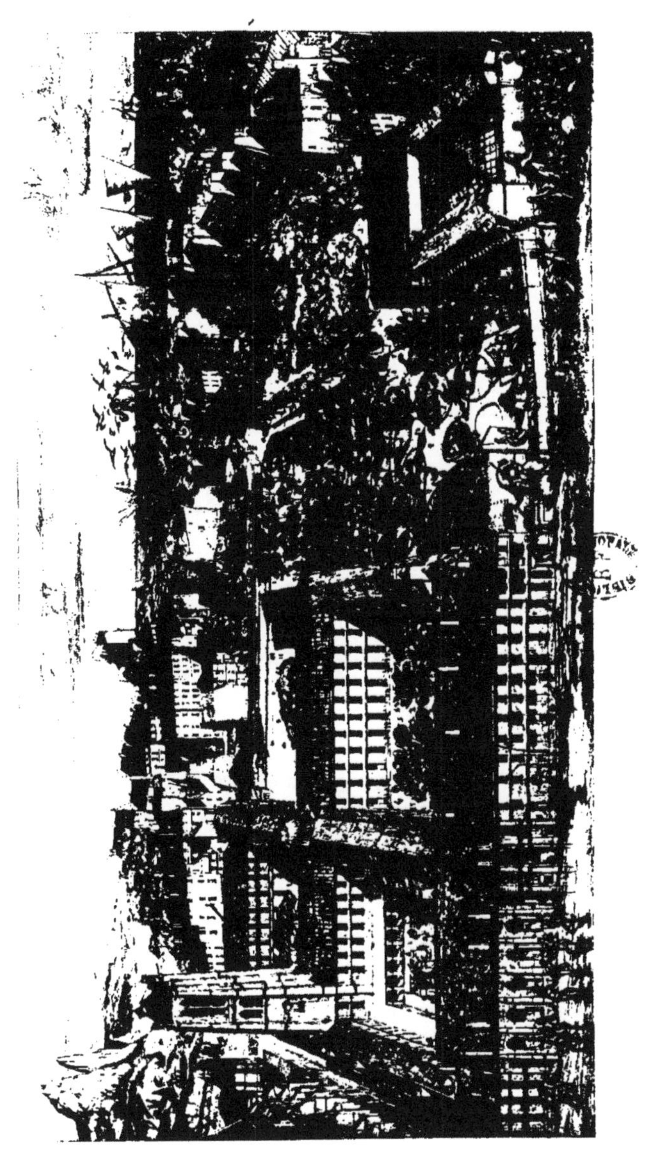

PL. 30. BAIN-FROID CHEVRIER.
CHEVRIER'S SWIMMING-BATH.
CHEVRIER'S BADEANSTALT.
BAGNO-FREDDO CHEVRIER.
BANO-FRIO CHEVRIER.

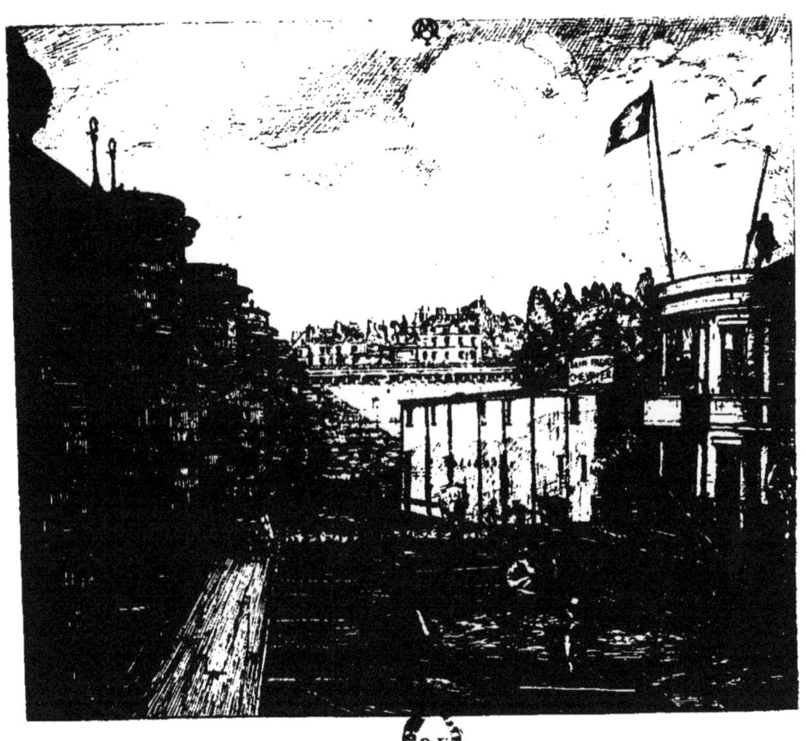

PL. 31. MINISTÈRE DE LA MARINE.
ADMIRALTY-OFFICE.
DAS MARINEMINISTERIUM.
MINISTERO DELLA MARINA.
MINISTERIO DE LA MARINA.

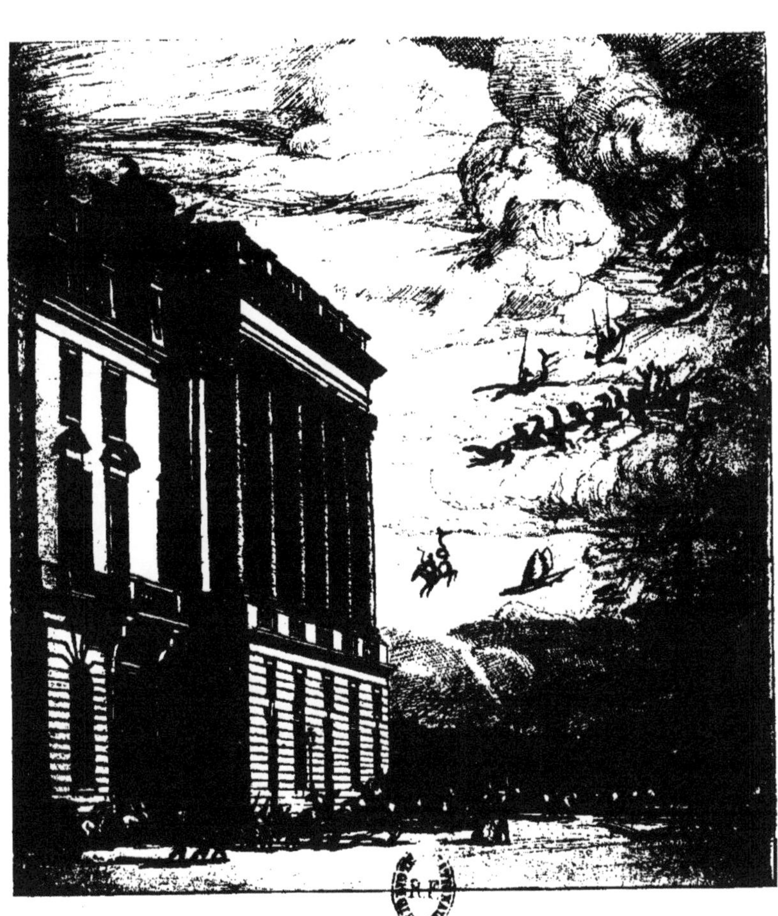

PL. 32. LE PONT-NEUF ET LA SAMARITAINE.
PONT-NEUF AND SAMARITAINE'S SWIMMING-BATH.
DER PONT-NEUF UND DAS SAMARITAINEBAD.
IL PONT-NUOVO E LA SAMARITANA.
EL PONT-NEUF Y LA SAMARITAINE.

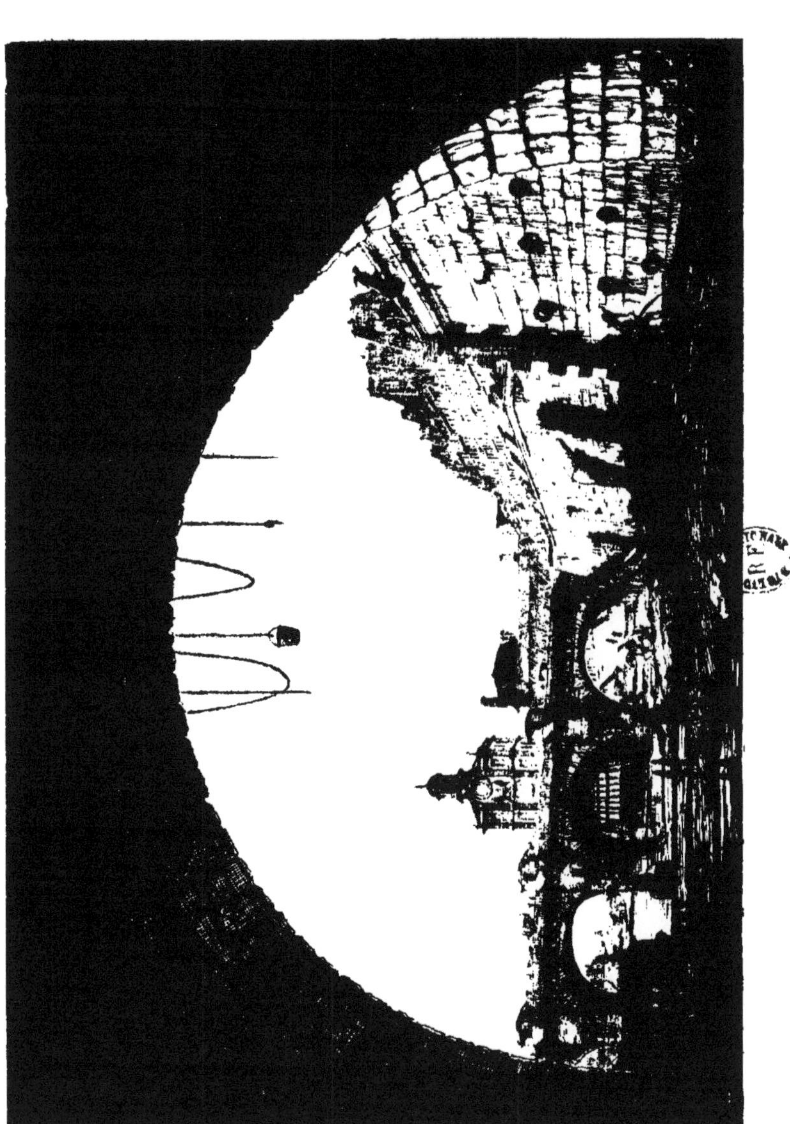

PL. 33. RUE PIROUETTE.
PIROUETTE STREET.
PIROUETTE GASSE.
STRADA PIROUETTE.
RUE PIROUETTE.

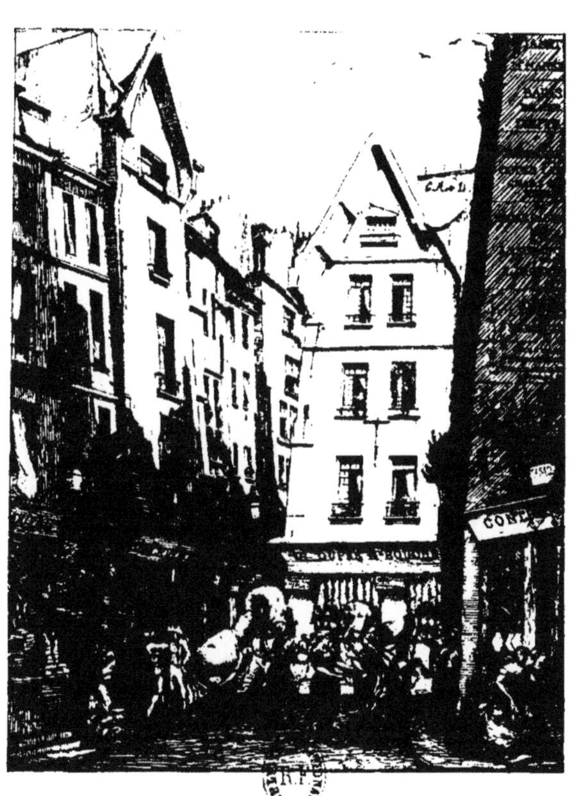

PL. 34. PORTE D'UN ANCIEN COUVENT A BOURGES.
GATE OF AN OLD CONVENT AT BOURGES.
TOR EINES ALTEN KLOSTERS IN BOURGES.
PORTA DI UN ANTICO CONVENTO A BOURGES.
PUERTA DE UN VIEJO CONVENTO EN BOURGES.

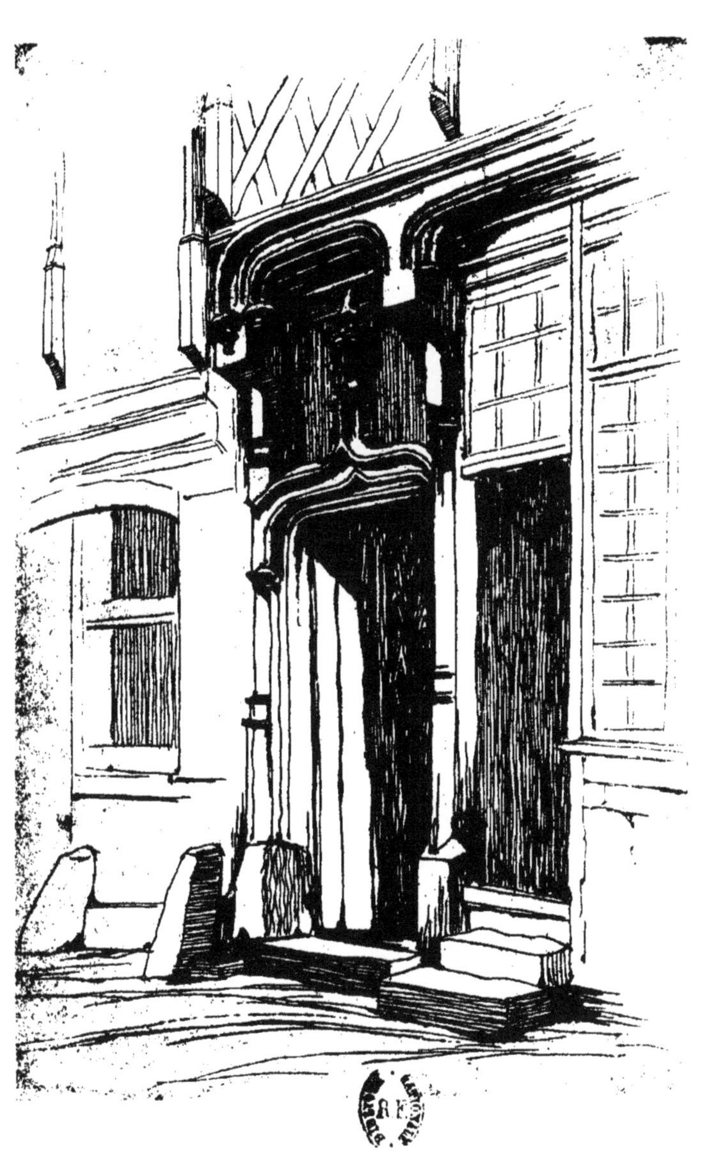

PL. 35. RUE DES TOILES A BOURGES.
TOILES STREET AT BOURGES.
TUCHGASSE IN BOURGES.
STRADA DELLA TELE A BOURGES.
RUA DE LAS « TOILES » EN BOURGES.

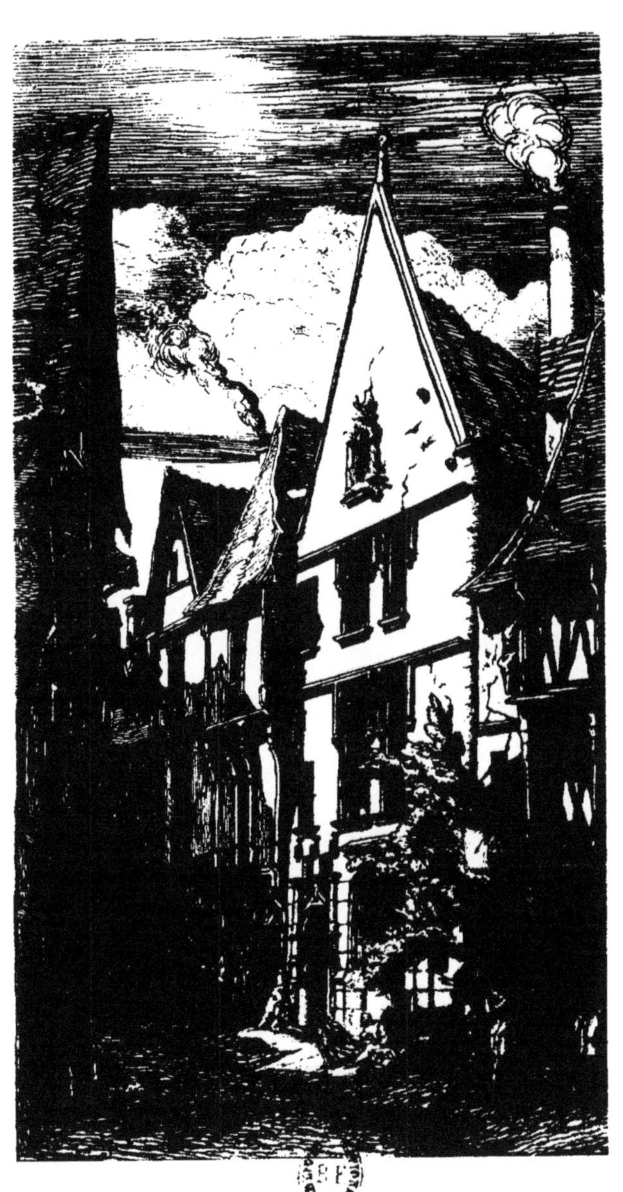

PL. 36. ANCIENNE HABITATION A BOURGES.
OLD DWELLING AT BOURGES.
ALTES WOHNHAUS IN BOURGES.
CASA VECCHIA A BOURGES.
CASA VIEJA EN BOURGES.

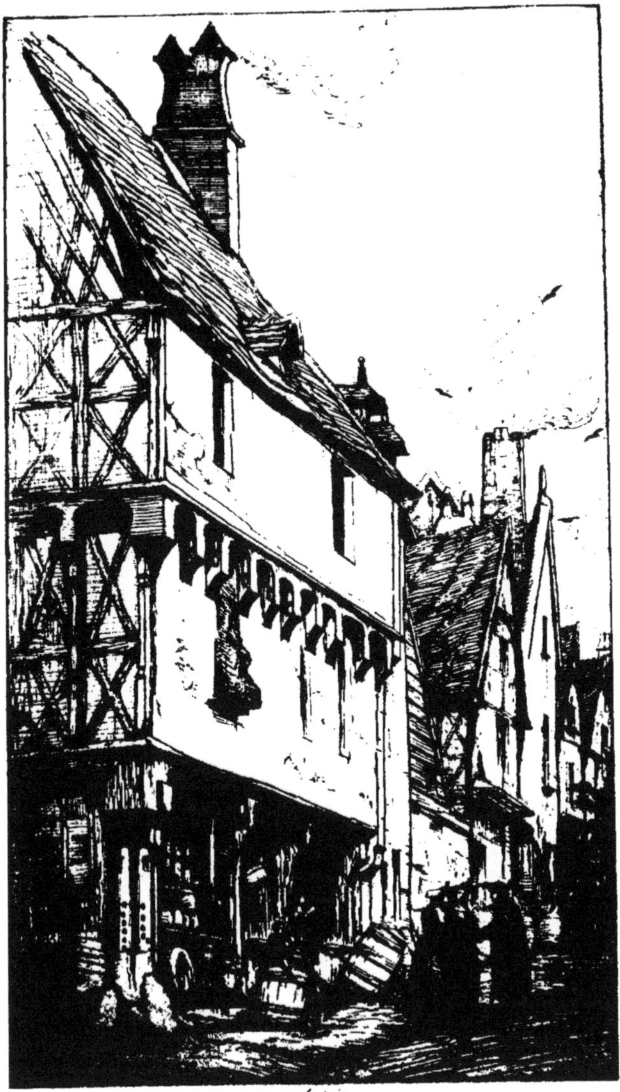

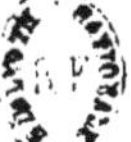

PL. 37. CASIMIR LECOMTE.

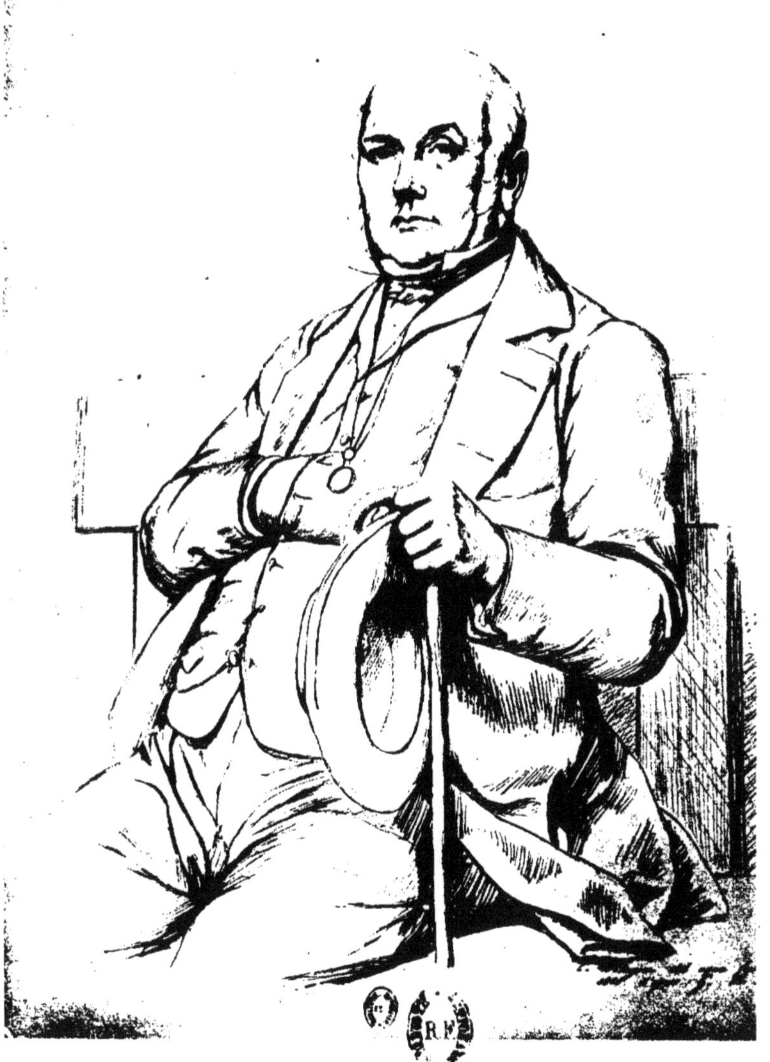

PL. 38. BIZEUL.

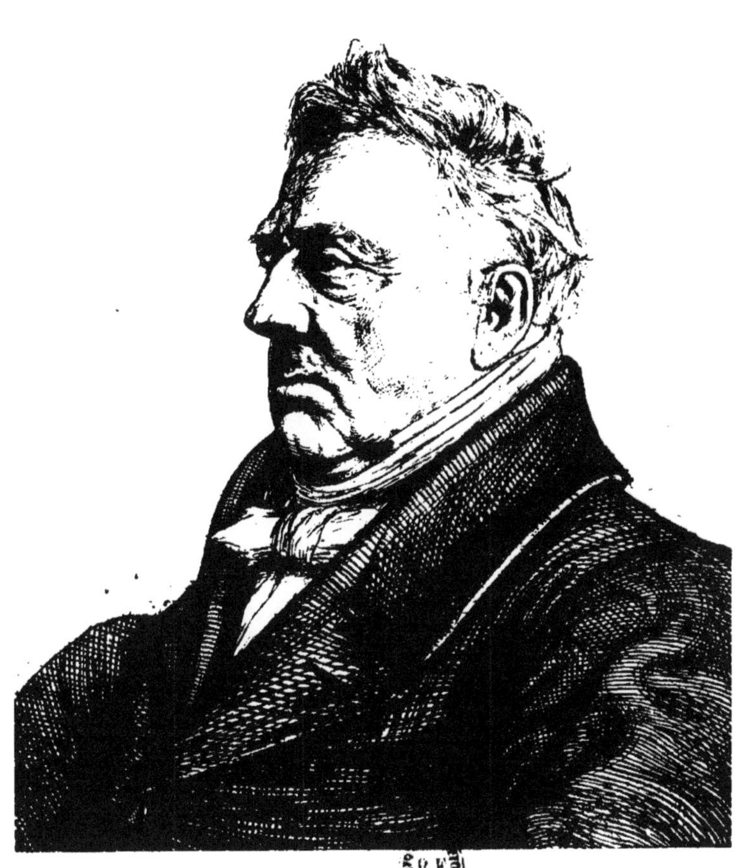

PL. 39. BENJAMIN FILLON.

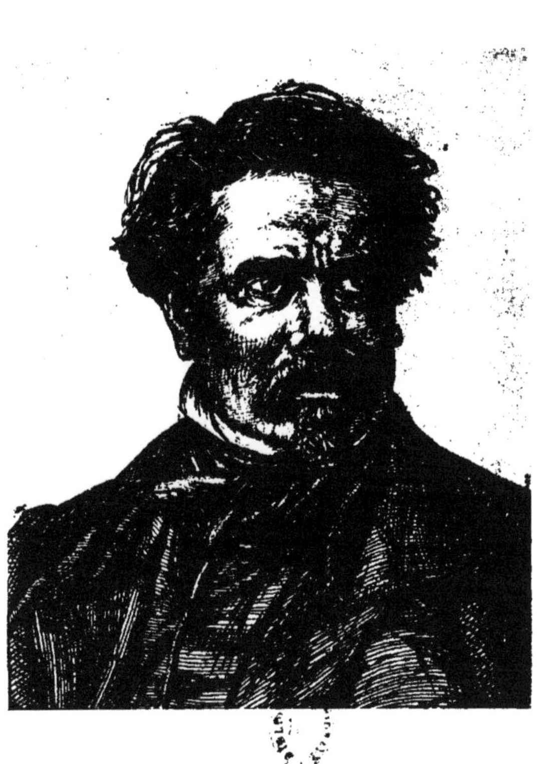

PL. 40. FRONTISPICE POUR LE CATALOGUE DE THOMAS DE LEU.
FRONTISPIECE TO THE THOMAS DE LEU CATALOGUE.
TITELBLATT ZUM KATALOG VON THOMAS DE LEU.
FRONTISPIZIO PEL CATALOGO DI TOMMASO DE LEU.
FRONTISPICIO PARA EL CATALOGO DE THOMAS DE LEU.

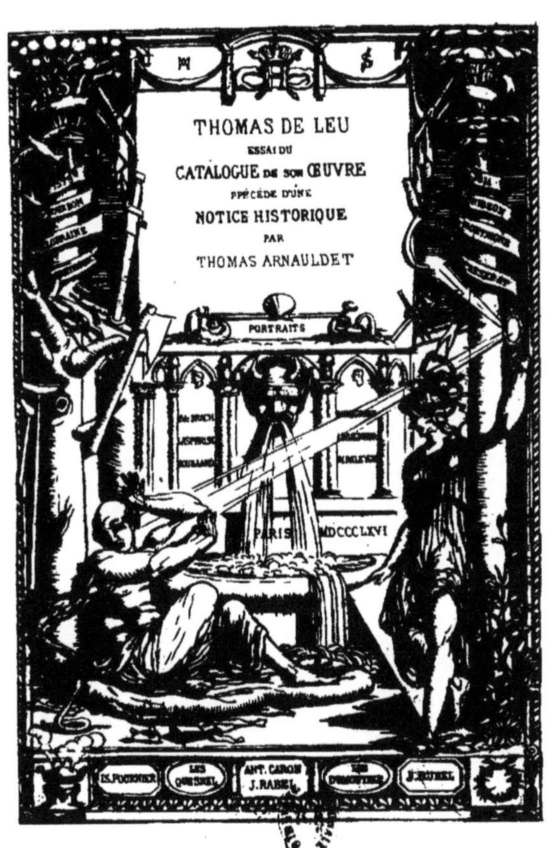
THOMAS DE LEU
ESSAI DU
CATALOGUE DE SON ŒUVRE
PRÉCÉDÉ D'UNE
NOTICE HISTORIQUE
PAR
THOMAS ARNAULDET
PORTRAITS
PARIS MDCCCLXVI
IS. FOURNIER
LES QUESNEL
ANT. CARON
J. RABEL

www.ingramcontent.com/pod-product-compliance
Ingram Content Group UK Ltd.
Pitfield, Milton Keynes, MK11 3LW, UK
UKHW021824190726
13853UKWH00003B/1172

9 782329 588308